Pasteles para cada ocasión 2023

Descubre cómo preparar pasteles sencillos y sofisticados con ingredientes frescos y de calidad

Sofía Torres

resumen

Bandeja para hornear de fresa y coco 11

Barras de azúcar moreno de plátano 13

Barritas de nuez de girasol 14

cuadrados de caramelo 15

bandeja de dulces 16

Tarta De Queso En Albaricoques 17

tarta de aguacate 19

tarta de plátano 20

Cheesecake caribeño ligero 21

tarta de cerezas 22

Cheesecake de coco y albaricoque 23

Tarta de queso con arándanos 24

tarta de queso con jengibre 25

Tarta de queso con jengibre y limón 26

Tarta de queso con avellanas y miel 27

Tarta de queso con grosellas y jengibre 28

Cheesecake ligero de limón 30

Cheesecake de limón y granola 32

pastel de queso mandarina 33

Tarta de queso con limón y nueces 34

tarta de queso con lima 36

Cheesecake San Clemente 37

Pashka 38

- Cheesecake ligero de piña 39
- tarta de piña 40
- tarta de queso con pasas 42
- Cheesecake de frambuesa 43
- pastel siciliano 44
- Tarta de queso con yogur glaseado 45
- Tarta de queso con fresas 47
- Cheesecake de sultana y brandy 48
- Tarta de queso al horno 49
- Barras de pastel de queso al horno 50
- tarta de queso americana 51
- Cheesecake de Manzana al Horno Holandés 52
- Cheesecake de albaricoques y avellanas al horno 54
- Tarta de queso albaricoque y naranja al horno 55
- Tarta de queso albaricoque y ricota al horno 57
- tarta de queso boston 58
- Pastel de queso caribeño al horno 59
- Tarta de queso con chocolate al horno 61
- Cheesecake de chocolate y nueces 62
- tarta de queso alemana 63
- Tarta de queso con licor de crema irlandesa 65
- Cheesecake americano con limón y nueces 67
- Tarta de queso naranja 68
- Torta de queso ricotta 69
- Pastel de queso con capas de queso horneado y crema agria 71
- Pastel de queso ligero al horno con pasas 73
- Tarta de queso ligera de vainilla al horno 74

Tarta de queso con chocolate blanco al horno 75
Cheesecake de chocolate blanco y avellanas 76
Tarta de queso con oblea de chocolate blanco 78
Masa rota 79
masa quebrada con aceite 80
rica masa quebrada 81
masa de mantequilla americana 82
pastel de queso 83
pasta choux 84
Navegar 85
Navegar 87
hojaldre crudo 88
paté sucre 89
Sándwiches de crema 90
Hojaldres de mandarina con queso 91
canutillos de chocolate 92
Profiteroles 93
Hojaldre con almendras y melocotones 95
molinos de viento de manzana 97
cuernos de crema 98
feuilleté 99
empanadas rellenas de ricota 100
bocanadas de nuez 101
pasteles daneses 102
Pretzel de cumpleaños danés 103
Caracoles de pastelería danesa 105
Trenzas de pastelería danesa 106

- Molinos de viento de pastelería danesa 107
- tortas de almendras 108
- Estuche base para bizcocho 109
- Tarta de almendras 110
- Tarta de manzana y naranja del siglo XVIII 111
- tarta de manzana alemana 112
- tarta de manzana con miel 114
- bizcocho de naranja y marsala 116
- Pastel de melocotón y pera 118
- pastel de piña suave 119
- Tarta de piña y cereza 120
- Pastel De Navidad De Piña 121
- piña al revés 122
- Tarta de piña y nueces 123
- pastel de frambuesa 124
- Pastel de ruibarbo 125
- pastel de ruibarbo y miel 126
- pastel de remolacha 127
- Pastel de plátano y zanahoria 128
- Tarta de manzana y zanahoria 129
- Tarta de zanahoria y canela 130
- Pastel de zanahoria y calabacín 131
- bizcocho de zanahoria y jengibre 132
- Tarta de zanahoria y nueces 133
- Bizcocho de zanahoria, naranjas y nueces 134
- Tarta de zanahoria, piña y coco 135
- Tarta de zanahoria y pistacho 136

Tarta de zanahoria y nueces	137
Pastel de zanahoria especiado	138
Tarta de zanahoria y azúcar moreno	140
Pastel de calabacín y calabaza	142
Bizcocho de calabacín y naranja	143
Pastel de calabacín especiado	144
Pastel de calabaza	146
Pastel de calabaza con frutas	147
Rollo de especias de calabaza	148
pastel de ruibarbo y miel	150
pastel de camote	151
Tarta italiana de almendras	153
Tarta de almendras y café	154
Tarta de almendras y miel	155
Bizcocho de limón y almendras	156
Bizcocho De Naranja Y Almendras	157
rico bizcocho de almendras	158
Tarta sueca de macarrones	159
pan de coco	160
Tarta de coco	161
pastel dorado de coco	162
Torta cubierta de coco	163
bizcocho de coco y limon	164
Pastel de coco de año nuevo	165
Pastel de coco y pasas	166
bizcocho crujiente de nueces	167
Pastel de nueces mixtas	168

pastel de nuez griega 169

pastel de helado de nuez 171

Tarta de nuez con crema de chocolate 172

Pastel de nueces con miel y canela 173

Barritas de almendras y miel 175

Barritas desmenuzadas de manzana y grosella negra 177

Barritas de albaricoque y avena 178

Tarta De Albaricoque 179

Barras de plátano con nueces 180

brownies americanos 181

bizcochos de chocolate negro 182

Brownies de chocolate y nueces 183

Barras de mantequilla 184

bandeja de cerezas y caramelo 185

bandeja con chispas de chocolate 186

capa de crumble de canela 187

palitos de canela pegajosos 188

barras de coco 189

Sándwiches de coco y mermelada 190

Bandeja para hornear con dátiles y manzanas 191

rebanadas de fecha 192

Barra de reunión de la abuela 193

Barritas de avena y dátiles 194

Barritas de dátiles y nueces 195

barras de higo 196

panqueques 197

tortitas de cereza 198

panqueque de chocolate 199

tortitas de frutas 200

Tortitas De Frutas Y Nueces 201

Flapjacks de pan de jengibre 202

tortitas de nuez 203

Galletas fuertes con limón 204

Cuadritos Moka De Coco 205

Galletas Hola Dolly 207

Barritas de coco con nueces y chocolate 208

cuadrados de nuez 209

Rodajas de naranja nuez 210

Galleta 211

Barras de mantequilla de cacahuete 212

rebanadas de pícnic 213

Barritas de piña y coco 214

pastel de levadura de ciruela 215

Barritas Americanas De Calabaza 217

Bandeja para hornear de fresa y coco

son las 16

Para la masa (pasta):

50 g / 2 oz / ¼ taza de manteca de cerdo (ghee)

50g / 2oz / ¼ taza de mantequilla o margarina

200 g / 7 oz / 1¾ taza de harina común (para todo uso)

Aproximadamente 15ml / 1 cucharada de agua

225g / 8oz / 2/3 taza de mermelada de fresa (reserva)

Para el relleno:

175 g / 6 oz / 3/4 taza de mantequilla o margarina, blanda

175 g / 6 oz / ¾ taza de azúcar glas (superfina)

3 huevos, ligeramente batidos

15 ml/1 cucharada de harina común (para todo uso)

ralladura de 1 limón

225 g / 8 oz / 2 tazas de coco deshidratado (picado)

Para hacer la masa, frotar la manteca de cerdo y la mantequilla o margarina en la harina hasta que la mezcla parezca pan rallado. Mezcle suficiente agua para formar una masa, extiéndala sobre una superficie ligeramente enharinada y utilícela para cubrir el fondo y los lados de un molde para rollos suizos de 30 x 20 cm (12 x 8 pulgadas) (molde para gelatina). Pinchar todo con un tenedor. Reserve las guarniciones. Untar la masa con mermelada.

Para hacer el relleno, combine la mantequilla o margarina y el azúcar hasta que quede suave y esponjoso. Poco a poco batir los huevos, luego agregar la harina y la ralladura de limón. Agrega el coco. Extender la mermelada por encima, sellando los bordes a la masa. Extienda los recortes de masa y cree un enrejado en la parte superior de la sartén. Hornee en un horno precalentado a

190°C/375°F/gas marca 5 durante 30 minutos hasta que estén doradas. Cortar en cuadrados cuando esté frío.

Barras de azúcar moreno de plátano

hace 12

75g / 3oz / 1/3 taza de mantequilla o margarina

225 g / 8 oz / 1 taza de azúcar morena suave

1 huevo grande, ligeramente batido

150 g / 5 oz / 1¼ tazas de harina común (para todo uso)

5 ml / 1 cucharadita de levadura en polvo

una pizca de sal

100g / 4oz / 1 taza de chispas de chocolate

50 g / 2 oz / ½ taza de chips de plátano macho secos, picados en trozos grandes

Derretir la mantequilla o margarina, luego retirar del fuego y agregar el azúcar. Dejar enfriar hasta que esté tibio. Poco a poco batir el huevo, luego agregar los demás ingredientes para obtener una masa bastante firme. Si está demasiado rígido, agregue un poco de leche. Vierta en un molde para pastel cuadrado de 18 cm/7 pulgadas engrasado y hornee en un horno precalentado a 140 °C/275 °F/nivel de gas 1 durante 1 hora hasta que esté crujiente por encima. . Dejar en la sartén hasta que esté caliente, luego cortar en barras y levantar para terminar de enfriar sobre una rejilla. La mezcla estará bastante pegajosa hasta que se enfríe.

Barritas de nuez de girasol

hace 18

150g / 5oz / 2/3 taza de mantequilla o margarina

45ml / 3 cucharadas de miel clara

Unas gotas de esencia de almendras (extracto)

275 g / 10 oz / 2½ tazas de copos de avena

25 g / 1 oz / ¼ taza de almendras en hojuelas (en rodajas)

25 g / 1 oz / 2 cucharadas de semillas de girasol

25 g / 1 oz / 2 cucharadas de semillas de sésamo

50g / 2oz / 1/3 taza de pasas

Derrita la mantequilla o margarina con la miel, luego agregue todos los demás ingredientes y mezcle bien. Verter en un molde para pastel cuadrado de 20 cm/8 pulgadas engrasado y nivelar la superficie. Presione suavemente la mezcla. Hornee en un horno precalentado a 190°C/375°F/gas marca 5 durante 20 minutos. Deje enfriar un poco, luego córtelos en barras y retírelos de la sartén cuando estén fríos.

cuadrados de caramelo

son las 16

75 g / 3 oz / ¾ taza de harina común (para todo uso)

50g / 2oz / ¼ taza de mantequilla o margarina, blanda

25 g / 1 oz / 2 cucharadas de azúcar morena suave

una pizca de sal

1,5 ml / ¼ de cucharadita de bicarbonato de sodio (bicarbonato de sodio)

30 ml / 2 cucharadas de leche

Para el condimento:

75g / 3oz / 1/3 taza de mantequilla o margarina

75 g / 3 oz / 1/3 taza de azúcar morena suave

25 g / 1 oz / ¼ taza de chispas de chocolate

Mezcle todos los ingredientes del pastel, agregando solo la leche suficiente para lograr una textura suave. Presione en un molde para pastel cuadrado de 9 pulgadas/23 cm engrasado y hornee en un horno precalentado a 180 °C/350 °F/nivel de gas 4 durante 15 minutos hasta que se doren.

Para hacer la cobertura, derrita la mantequilla o margarina y el azúcar en una cacerola pequeña, hierva, luego cocine a fuego lento durante 2 minutos, revolviendo constantemente. Verter sobre la base y volver al horno durante 5 minutos. Espolvorea con las chispas de chocolate y deja que se suavicen en la cobertura mientras el pastel se enfría. Cortar en barras.

bandeja de dulces

son las 16

100 g / 4 oz / ½ taza de mantequilla o margarina, blanda

100 g / 4 oz / ½ taza de azúcar morena blanda

1 yema de huevo

50 g / 2 oz / ½ taza de harina común (para todo uso)

50 g / 2 oz / ½ taza de copos de avena

Para el condimento:
100g / 4oz / 1 taza de chocolate amargo (semidulce).

25 g / 1 oz / 2 cucharadas de mantequilla o margarina

30 ml / 2 cucharadas de nueces picadas

Batir la mantequilla o margarina, el azúcar y la yema de huevo hasta que quede suave. Agregue la harina y la avena. Presione en un molde engrasado de 30 x 20 cm / 12 x 8 pulgadas (molde para gelatina) y hornee en un horno precalentado a 190°C / 375°F / marca de gas 5 durante 20 minutos.

Para hacer la cobertura, derrita el chocolate y la mantequilla o la margarina en un recipiente resistente al calor sobre una cacerola con agua hirviendo. Extender la mezcla por encima y espolvorear con las nueces. Dejar enfriar un poco, luego cortar en barras y dejar enfriar en el molde.

Tarta De Queso En Albaricoques

Hace un pastel de 23 cm / 9 pulgadas

225 g / 8 oz / 2 tazas de migas de galleta de jengibre (galleta)

30 ml / 2 cucharadas de azúcar moreno blando

50g / 2oz / ¼ taza de mantequilla o margarina, derretida

Para el relleno:

15 g / ½ oz / 1 cucharada de gelatina en polvo

225 g / 8 oz / 1 taza de azúcar glas (superfina)

250 ml / 8 fl oz / 1 taza de jarabe de lata de albaricoque

90 ml / 6 cucharadas de brandy o brandy de albaricoque

45 ml / 3 cucharadas de jugo de limón

4 huevos, separados

450 g / 1 lb / 2 tazas de queso suave cremoso

250ml / 8 fl oz / 1 taza de crema batida

Para el condimento:

400 g / 14 oz / 1 lata grande Mitades de albaricoques enlatados, escurridos y conservados en almíbar

90 ml / 6 cucharadas de brandy de albaricoque

30 ml / 2 cucharadas de harina de maíz (fécula de maíz)

Mezcle las migas de galleta y el azúcar moreno en la mantequilla derretida y presione en el fondo de un molde para pastel de 23 cm de ancho. Hornee en un horno precalentado a 160°C/335°F/gas marca 3 durante 10 minutos. Sacar del horno y dejar enfriar.

Para hacer el relleno, licúa la gelatina y la mitad del azúcar con el sirope de albaricoque, el brandy y el zumo de limón. Cocine a fuego lento durante unos 10 minutos, revolviendo constantemente, hasta que espese. Añadir las yemas de huevo.

Retire del fuego y deje enfriar un poco. Bate el queso hasta que quede suave. Revuelva lentamente la mezcla de gelatina en el queso y enfríe hasta que espese un poco. Batir las claras de huevo a punto de nieve, luego agregar gradualmente el azúcar restante hasta que la mezcla esté firme y brillante. Batir la nata a punto de nieve. Doblar ambos compuestos en el queso y verter en la base cocida. Dejar enfriar durante varias horas hasta que se solidifique.

Disponer las mitades de albaricoque encima de la tarta de queso. Caliente el brandy y la harina de maíz juntos, revolviendo hasta que espese y esté claro. Deje enfriar un poco, luego vierta sobre los albaricoques para un glaseado.

tarta de aguacate

Hace un pastel de 20 cm / 8 pulgadas

225 g / 8 oz / 2 tazas de migas de galleta graham

75 g / 3 oz / 1/3 taza de mantequilla o margarina, derretida

Para el relleno:

10 ml / 2 cucharaditas de gelatina en polvo

30 ml / 2 cucharadas de agua

2 aguacates maduros

Jugo de ½ limón

ralladura de 1 limón

100 g / 4 oz / ½ taza de queso crema

75 g / 3 oz / 1/3 taza de azúcar en polvo (superfina).

2 claras de huevo

300 ml / ½ pt / 1¼ tazas de crema batida o doble (pesada).

Mezcle las migas de galleta y la mantequilla o margarina derretida y presione en el fondo y los lados de un molde para pastel de fondo suelto de 20 cm/8 pulgadas engrasado. Frío.

Espolvorear la gelatina sobre el agua en un bol y dejar hasta que esté espumosa. Coloca el bol en una olla con agua caliente y déjalo hasta que se disuelva. Enfriar un poco. Pelar y deshuesar los aguacates y triturar la pulpa con el jugo de limón y la cáscara. Batir el queso y el azúcar. Añadir la gelatina disuelta. Batir las claras de huevo a punto de nieve, luego incorporarlas a la mezcla con una cuchara de metal. Batir la mitad de la nata a punto de nieve y luego incorporarla a la mezcla. Verter sobre la base de galleta y refrigerar hasta que solidifique.

Batir la crema restante hasta que esté firme y luego rociarla decorativamente sobre el pastel de queso.

tarta de plátano

Hace un pastel de 20 cm / 8 pulgadas

75 g / 3 oz / 1/3 taza de mantequilla o margarina, derretida

175 g / 6 oz / 1½ taza de migas de galleta graham

Para el relleno:

2 plátanos, machacados

350g / 12oz / 1½ taza de tofu firme

100 g / 4 oz / ½ taza de requesón

ralladura y jugo de 1 limón

Rodajas de limón para decorar

Mezcle la mantequilla o margarina y las migas de galleta y presione en la base de un molde para pastel de 20 cm de fondo engrasado. Batir todos los ingredientes de la cobertura y disponer sobre la base. Dejar enfriar durante 4 horas antes de servir adornado con rodajas de limón.

Cheesecake caribeño ligero

Hace un pastel de 20 cm / 8 pulgadas

75g / 3oz / 1/3 taza de mantequilla o margarina

175 g / 6 oz / 1¾ tazas de harina común (para todo uso)

una pizca de sal

30 ml / 2 cucharadas de agua fría

400 g / 14 oz / 1 lata grande de piña, escurrida y picada

150g / 5oz / 2/3 taza de requesón

2 huevos, separados

15 ml / 1 cucharada de ron

Frote la mantequilla o la margarina en la harina y la sal hasta que la mezcla parezca pan rallado. Mezcle suficiente agua para hacer una papilla (pasta). Estirar y usar para forrar un anillo de flan de 20 cm/8 pulgadas. Mezcle la piña, el queso, las yemas de huevo y el ron. Batir las claras de huevo a punto de nieve, luego incorporarlas a la mezcla. Vierta en la caja (cáscara). Hornee en un horno precalentado a 200°C/400°F/gas marca 6 durante 20 minutos. Dejar enfriar en el molde antes de desmoldar.

tarta de cerezas

Hace un pastel de 20 cm / 8 pulgadas

75 g / 3 oz / 1/3 taza de mantequilla o margarina, derretida

175 g / 6 oz / 1½ taza de migas de galleta graham

Para el relleno:

350g / 12oz / 1½ taza de tofu firme

100 g / 4 oz / ½ taza de requesón

ralladura y jugo de 1 limón

400 g / 14 oz / 1 lata grande de cerezas negras, escurridas

Mezcle la mantequilla o margarina y las migas de galleta y presione en la base de un molde para pastel de 20 cm de fondo engrasado. Batir el tofu, el queso, el jugo de limón y la ralladura, luego agregar las cerezas. Cuchara en la base. Dejar enfriar durante 4 horas antes de servir.

Cheesecake de coco y albaricoque

Hace un pastel de 20 cm / 8 pulgadas

Para la masa:

200g / 7oz / 1¾ tazas de coco deshidratado (picado)

75 g / 3 oz / 1/3 taza de mantequilla o margarina, derretida

Para el relleno:

120ml / 4 fl oz / ½ taza de leche condensada

30 ml / 2 cucharadas de jugo de limón

250g / 9oz / 1 bote de queso crema

120 ml / 4 fl oz / ½ taza de crema doble (pesada)

Para el condimento:

5 ml / 1 cucharadita de gelatina en polvo

30 ml / 2 cucharadas de agua

100 g / 4 oz / 1/3 taza de mermelada de albaricoque (enlatada), tamizada (vertida)

30 ml / 2 cucharadas de azúcar glas (superfino)

Tostar el coco en una sartén seca (sartén) hasta que esté dorado. Agregue la mantequilla o la margarina, luego presione bien la mezcla en un molde para pasteles de 20 cm. Frío.

Mezcla la leche condensada y el jugo de limón, luego agrega el queso crema. Batir la nata hasta que esté firme y luego incorporarla a la mezcla. Vierta en la base de coco.

Mezcle la gelatina y el agua en una cacerola pequeña a fuego muy bajo y agregue la mermelada y el azúcar durante unos minutos hasta que quede claro y bien mezclado. Vierta sobre el relleno, luego deje enfriar y enfríe hasta que cuaje.

Tarta de queso con arándanos

Hace un pastel de 23 cm / 9 pulgadas

100 g / 4 oz / 1 taza de migas de galleta graham

50g / 2oz / ¼ taza de mantequilla o margarina, derretida

8 oz/225 g de arándanos, enjuagados y escurridos

150 ml / ¼ pt / 2/3 taza de agua

150g / 5oz / 2/3 taza de azúcar glas (superfina).

15 g / ½ oz / 1 cucharada de gelatina en polvo

60 ml / 4 cucharadas de agua

225 g / 8 oz / 1 taza de queso crema

175 g / 6 oz / 3/4 taza de requesón

5 ml / 1 cucharadita de esencia de vainilla (extracto)

Mezcle las migas de galleta y la mantequilla derretida y presione en el fondo de un molde desmontable de 9/23 cm engrasado. Frío. Poner los arándanos, 150 ml de agua y el azúcar en un cazo y llevar a ebullición. Hervir durante 10 minutos, revolviendo ocasionalmente. Espolvoree la gelatina sobre los 60 ml/4 cucharadas de agua en un bol y déjela hasta que esté espumosa. Coloca el bol en una olla con agua caliente y déjalo hasta que se disuelva. Agregue la gelatina a la mezcla de arándanos, retire del fuego y deje que se enfríe un poco. Agrega los quesos y la esencia de vainilla. Vierta la mezcla sobre la base y distribúyala uniformemente. Dejar enfriar durante varias horas hasta que se solidifique.

tarta de queso con jengibre

Hace un pastel de 900 g / 2 lb

275 g / 10 oz / 2½ tazas de migas de galleta de jengibre (galleta)

100g / 4oz / ½ taza de mantequilla o margarina, derretida

225 g / 8 oz / 1 taza de queso crema

150 ml / ¼ pt / 2/3 taza de crema doble (pesada)

100 g / 4 oz / ½ taza de azúcar glas (superfina)

15 ml / 1 cucharada de tallo de jengibre picado

15 ml / 1 cucharada de sirope de brandy o jengibre

2 huevos, separados

jugo de 1 limon

15 g / ½ oz / 1 cucharada de gelatina en polvo

Agregue las galletas a la mantequilla. Mezcle el queso crema, la nata, el azúcar, el jengibre y el brandy o sirope de jengibre. Batir las yemas de huevo. Ponga el jugo de limón en una cacerola y espolvoree la gelatina por encima. Dejar en remojo durante unos minutos, luego derretir a fuego lento. No hierva. Batir las claras de huevo en picos suaves. Agregue 15 ml/1 cucharada a la mezcla de queso. Dobla cuidadosamente el resto. Vierta la mitad de la mezcla en un molde para pan de 900 g ligeramente engrasado. Espolvorea uniformemente con la mitad de la mezcla de galletas. Agregue otra capa de las mezclas restantes de galleta y queso. Dejar enfriar durante varias horas. Sumerja la lata en agua hirviendo durante unos segundos, luego cubra con un plato y reserve listo para servir.

Tarta de queso con jengibre y limón

Hace un pastel de 20 cm / 8 pulgadas

175 g / 6 oz / 1½ taza de migas de galleta de jengibre (galletas)

50g / 2oz / ¼ taza de mantequilla o margarina, derretida

15 g / ½ oz / 1 cucharada de gelatina

30 ml / 2 cucharadas de agua fría

2 limones

100 g / 4 oz / ½ taza de requesón

100 g / 4 oz / ½ taza de queso crema

50 g / 2 oz / ¼ taza de azúcar glas (superfina)

150 ml / ¼ pt / 2/3 taza de yogur natural

150 ml / ¼ pt / 2/3 taza de crema doble (pesada)

Agregue migas de galleta a la mantequilla o margarina. Presione la mezcla en la base de un anillo de flan de fondo ancho de 20 cm/8 pulgadas. Espolvorea la gelatina en el agua y luego disuélvela en una olla con agua caliente. Corta tres tiras de ralladura de un limón. Rallar la ralladura restante de ambos limones. Corte los limones en cuartos, retire las semillas y la piel, y haga puré la pulpa en un procesador de alimentos o licuadora. Agregue el queso y mezcle. Añadir el azúcar, el yogur y la nata y mezclar de nuevo. Agrega la gelatina. Verter sobre la base y llevar a la nevera hasta que solidifique. Decora con ralladura de limón.

Tarta de queso con avellanas y miel

Hace un pastel de 23 cm / 9 pulgadas

175 g / 6 oz / 1½ taza de migas de galleta graham

75 g / 3 oz / 1/3 taza de mantequilla o margarina, derretida

100g / 4oz / 1 taza de avellanas

225 g / 8 oz / 1 taza de queso crema

60ml / 4 cucharadas de miel clara

2 huevos, separados

15 g / ½ oz / 1 cucharada de gelatina en polvo

30 ml / 2 cucharadas de agua

250 ml / 8 fl oz / 1 taza de crema doble (pesada)

Mezcle las migas de galleta y la mantequilla y presione en el fondo de un molde para flan de 9 pulgadas/23 cm de fondo ancho. Reserva unas avellanas para decorar y trocea el resto. Mezclar con el queso crema, la miel y las yemas de huevo y batir bien. Mientras tanto, espolvorea la gelatina en el agua y déjala reposar hasta que esté espumosa. Coloque el recipiente en una olla con agua caliente y revuelva hasta que se disuelva. Agregue la mezcla de queso crema. Batir las claras de huevo a punto de nieve e incorporarlas suavemente a la mezcla. Verter sobre la base y llevar a la nevera hasta que solidifique. Decorar con avellanas enteras.

Tarta de queso con grosellas y jengibre

Hace un pastel de 23 cm / 9 pulgadas

3 piezas de tallo de jengibre, en rodajas finas

50 g / 2 oz / ¼ taza de azúcar en polvo

75 ml / 5 cucharadas de agua

225g / 8oz grosellas

50 g / 2 oz / 1/2 paquete de gelatina con sabor a lima (gelatina)

15 g / ½ oz / 1 cucharada de gelatina en polvo

Ralladura rallada y jugo de ½ limón

225 g / 8 oz / 1 taza de queso crema

75 g / 3 oz / 1/3 taza de azúcar en polvo (superfina).

2 huevos, separados

300 ml / ½ pt / 1¼ tazas de crema doble (pesada)

75 g / 3 oz / 1/3 taza de mantequilla o margarina, derretida

175 g / 6 oz / 1½ taza de migas de galleta de jengibre (galletas)

Engrase y forre un anillo de flan inferior de 23 cm de ancho. Coloque el tallo de jengibre alrededor del borde de la base. Disuelva el azúcar granulada en el agua en una cacerola, luego lleve a ebullición. Agregue las grosellas y cocine a fuego lento durante unos 15 minutos hasta que estén tiernas. Saque las grosellas rojas del almíbar con una espumadera y colóquelas en el centro de la fuente preparada. Mida el jarabe y complete hasta 275 ml / 9 fl oz / apenas 1 taza con agua. Vuelva a hervir y agregue la gelatina hasta que se disuelva. Retirar del fuego y dejar hasta que empiece a cuajar. Vierta sobre las grosellas y enfríe hasta que esté sólido.

Espolvorea la gelatina sobre 45 ml/3 cucharadas de jugo de limón en un bol y déjalo hasta que esté espumoso. Coloca el bol en una olla con agua caliente y déjalo hasta que se disuelva. Batir el queso crema con la ralladura de limón, el azúcar glas, las yemas, la gelatina y la mitad de la nata. Batir la crema restante hasta que espese y luego incorporarla a la mezcla. Batir las claras de huevo a punto de nieve, luego incorporarlas ligeramente. Con una cuchara, póngalos en el molde y enfríe hasta que solidifiquen.

Mezcle la mantequilla o margarina y las migas de galleta y espolvoree sobre el cheesecake. Presiona ligeramente para reafirmar la base. Enfriar hasta que esté firme.

Sumerja el fondo de la sartén en agua caliente durante unos segundos, pase un cuchillo por el borde de la tarta de queso y luego colóquelo en un plato para servir.

Cheesecake ligero de limón

Hace un pastel de 20 cm / 8 pulgadas

Para la base:

50g / 2oz / ¼ taza de mantequilla o margarina

50 g / 2 oz / ¼ taza de azúcar glas (superfina)

100 g / 4 oz / 1 taza de migas de galleta graham

Para el relleno:

225 g / 8 oz / 1 taza de queso tierno entero

2 huevos, separados

100 g / 4 oz / ½ taza de azúcar glas (superfina)

ralladura de 3 limones

150 ml / ¼ pt / 2/3 taza de crema doble (pesada)

jugo de 1 limon

45 ml / 3 cucharadas de agua

15 g / ½ oz / 1 cucharada de gelatina en polvo

Para el condimento:

45 ml / 3 cucharadas de cuajada de limón

Para preparar la base, derrita la mantequilla o margarina y el azúcar a fuego lento. Agregue las migas de galleta. Presione en la base de un molde para pasteles (lata) de 20 cm/8 pulgadas y enfríe en el refrigerador.

Para hacer el relleno, ablande el queso en un tazón grande. Batir las yemas, la mitad del azúcar, la ralladura de limón y la nata. Pon el jugo de limón, el agua y la gelatina en un recipiente y disuélvelos en una cacerola con agua caliente. Batir la mezcla de queso y dejar reposar. Batir las claras de huevo a punto de nieve, luego agregar el resto del azúcar glas. Incorpore leve pero completamente a la mezcla de queso. Colocar sobre la base y alisar la superficie. Enfríe de 3 a 4 horas hasta que cuaje. Pincelar con lemon curd para terminar.

Cheesecake de limón y granola

Hace un pastel de 20 cm / 8 pulgadas

175g / 6oz / generosa 1 taza de granola

75 g / 3 oz / 1/3 taza de mantequilla o margarina, derretida

Cáscara finamente rallada y jugo de 2 limones

15 g / ½ oz / 1 cucharada de gelatina en polvo

225 g / 8 oz / 1 taza de queso crema

150 ml / ¼ pt / 2/3 taza de yogur natural

60ml / 4 cucharadas de miel clara

2 claras de huevo

Mezcle el muesli con la mantequilla o la margarina y presione en la base de un molde para flan (sartén) de fondo suelto de 20 cm engrasado. Enfriar hasta que cuaje.

Prepare jugo de limón hasta 150 mL / ¼ pt / 2/3 taza con agua. Espolvorear la gelatina y dejar reposar hasta que esté blanda. Coloque el recipiente en una olla con agua caliente y caliente suavemente hasta que la gelatina se haya disuelto. Mezcle la ralladura de limón, el queso, el yogur y la miel, luego agregue la gelatina. Batir las claras de huevo hasta que estén rígidas, luego incorporarlas suavemente a la mezcla de tarta de queso. Vierta sobre la base y enfríe hasta que esté sólido.

pastel de queso mandarina

Hace un pastel de 20 cm / 8 pulgadas

200 g / 7 oz / 1¾ taza de migas de galleta graham

75 g / 3 oz / 1/3 taza de mantequilla o margarina, derretida

Para el condimento:

275 g / 10 oz / 1 lata grande de mandarinas, escurridas

15 g / ½ oz / 1 cucharada de gelatina en polvo

30 ml / 2 cucharadas de agua tibia

150g / 5oz / 2/3 taza de requesón

150 ml / ¼ pt / 2/3 taza de yogur natural

Mezcle las migas de galleta y la mantequilla o margarina y presione en la base de un anillo de flan de fondo ancho de 20 cm/8 pulgadas. Frío. Triture las mandarinas con el dorso de una cuchara. Espolvorea la gelatina sobre el agua en un tazón pequeño y déjala hasta que quede esponjosa. Coloca el recipiente en una olla con agua hirviendo y déjalo hasta que se disuelva. Mezcle las mandarinas, el requesón y el yogur. Agrega la gelatina. Vierta la mezcla de relleno sobre la base y refrigere hasta que se solidifique.

Tarta de queso con limón y nueces

Hace un pastel de 20 cm / 8 pulgadas

Para la base:

225 g / 8 oz / 2 tazas de migas de galleta graham

25 g / 1 oz / 2 cucharadas de azúcar glas (superfina)

5 ml / 1 cucharadita de canela molida

50g / 2oz / ¼ taza de mantequilla o margarina, derretida

Para el relleno:

15 g / ½ oz / 1 cucharada de gelatina en polvo

30 ml / 2 cucharadas de agua fría

2 huevos, separados

100 g / 4 oz / ½ taza de azúcar glas (superfina)

350 g / 12 oz / 1½ taza de queso blando con toda la grasa

ralladura y jugo de 1 limón

150 ml / ¼ pt / 2/3 taza de crema doble (pesada)

25 g / 1 oz / ¼ taza de nueces mixtas picadas

Agregue las migas de galleta, el azúcar y la canela a la mantequilla o margarina. Presione en la base y los lados de una fuente para flan de fondo ancho de 20 cm (molde). Frío.

Para hacer el relleno, disuelva la gelatina en el agua en un tazón pequeño. Coloca el recipiente en una olla con agua caliente y revuelve hasta que la gelatina se disuelva. Retire del fuego y deje enfriar un poco. Batir las yemas y el azúcar. Coloque el tazón sobre una olla de agua hirviendo y continúe batiendo hasta que la mezcla esté espesa y ligera. Retire del fuego y bata hasta que esté tibio. Agregue el queso, la ralladura de limón y el jugo. Montar la nata a punto de nieve e incorporarla a la mezcla con las nueces.

Incorpora con cuidado la gelatina. Batir las claras de huevo a punto de nieve, luego incorporarlas a la mezcla. Vierta en la base y enfríe durante varias horas o toda la noche antes de servir.

tarta de queso con lima

8 porciones

Para la base:

40 g / 1½ oz / 2 cucharadas de miel clara

50g/2oz/¼ taza azúcar demerara

225 g / 8 oz / 2 tazas de copos de avena

100g / 4oz / ½ taza de mantequilla o margarina, derretida

Para el relleno:

225g / 8oz / 1 taza de quark

250 ml / 8 fl oz / 1 taza de yogur natural

2 huevos, separados

50 g / 2 oz / ¼ taza de azúcar glas (superfina)

ralladura rallada y jugo de 2 limas

15 g / ½ oz / 1 cucharada de gelatina en polvo

30 ml / 2 cucharadas de agua hirviendo

Agregue miel, azúcar demerara y avena a la mantequilla o margarina. Presione en la base de un molde para pasteles de 20 cm engrasado (sartén).

Para preparar el relleno, mezcle el quark, el yogur, las yemas de huevo, el azúcar y la ralladura de lima. Espolvorea la gelatina con el jugo de limón y agua caliente y deja que se disuelva. Caliente sobre un recipiente con agua caliente hasta que esté transparente, luego agregue a la mezcla y revuelva suavemente hasta que comience a solidificarse. Bate las claras de huevo hasta que se formen picos suaves, luego incorpóralas a la mezcla. Colocar sobre la base preparada y dejar reposar.

Cheesecake San Clemente

Hace un pastel de 20 cm / 8 pulgadas

50g / 2oz / ¼ taza de mantequilla o margarina

100 g / 4 oz / 1 taza de migas de galleta graham

2 huevos, separados

una pizca de sal

100 g / 4 oz / ½ taza de azúcar glas (superfina)

45 ml / 3 cucharadas de jugo de naranja

45 ml / 3 cucharadas de jugo de limón

15 g / ½ oz / 1 cucharada de gelatina

30 ml / 2 cucharadas de agua fría

350 g de ricota tamizada

150 ml / ¼ pt / 2/3 taza de crema batida doble (espesa).

1 naranja, pelada y en rodajas

Frote una sartén profunda de 8 pulgadas (cacerola para salsas) con la mantequilla y espolvoree con las migas de galleta. Batir las yemas con la sal y la mitad del azúcar hasta obtener una mezcla espesa y cremosa. Coloque en un recipiente con los jugos de naranja y limón y revuelva sobre una olla con agua caliente hasta que la mezcla comience a espesar y cubra el dorso de una cuchara. Disolver la gelatina en agua fría y calentar suavemente hasta que espese. Agregue la mezcla de jugo y deje que se enfríe, revolviendo ocasionalmente. Añadir la ricota y la nata. Batir las claras de huevo a punto de nieve, luego agregar el azúcar restante. Dobla la mezcla de tarta de queso y vierte en el molde para pasteles. Enfriar hasta que esté firme. Apagar y espolvorear con migas sueltas.

Pashka

Hace un pastel de 23 cm / 9 pulgadas

450 g / 1 libra / 2 tazas de queso crema

100 g / 4 oz / ½ taza de mantequilla o margarina, blanda

150g / 5oz / 2/3 taza de azúcar glas (superfina).

150 ml / ¼ pt / 2/3 taza de crema agria (agria)

175 g / 6 oz / 1 taza de sultanas (pasas doradas)

50 g / 2 oz / ¼ taza de cerezas glaseadas (confitadas)

100g / 4oz / 1 taza de almendras

50 g / 2 oz / 1/3 taza de ralladura mixta picada (confitada).

Mezcle el queso, la mantequilla o margarina, el azúcar y la crema agria hasta que estén bien mezclados. Mezclar con los demás ingredientes. Verter en un molde savarín, tapar y refrigerar toda la noche. Sumerja la sartén en una olla con agua caliente durante unos segundos, pase un cuchillo por el borde de la sartén e invierta la tarta de queso en un plato. Enfriar antes de servir.

Cheesecake ligero de piña

Hace un pastel de 25 cm / 10 pulgadas

225g / 8oz / 1 taza de mantequilla o margarina

225 g / 8 oz / 2 tazas de migas de galleta graham

450g / 1 lb / 2 tazas de quark

1 huevo batido

5 ml / 1 cucharadita de esencia de almendras (extracto)

15 ml / 1 cucharada de azúcar glas (superfina)

25 g / 1 oz / ¼ taza de almendras molidas

100 g de piña enlatada, picada

Derrita la mitad de la mantequilla o margarina y agregue las migas de galleta. Presione en el fondo de un molde para pasteles de 25 cm y deje enfriar. Batir el resto de la mantequilla o margarina con el quark, el huevo, la esencia de almendras, el azúcar y la almendra molida. Agrega la piña. Extender sobre la base de galleta y dejar enfriar durante 2 horas.

tarta de piña

Hace un pastel de 20 cm / 8 pulgadas

75 g / 3 oz / 1/3 taza de mantequilla o margarina, derretida

175 g / 6 oz / 1½ taza de migas de galleta graham

15 g / ½ oz / 1 cucharada de gelatina en polvo

425 g / 15 oz / 1 lata grande piña en jugo natural, escurrida y reservada para jugo

3 huevos, separados

75 g / 3 oz / 1/3 taza de azúcar en polvo (superfina).

150 ml / ¼ pt / 2/3 taza de crema espesa (ligera).

150 ml / ¼ pt / 2/3 taza de crema doble (pesada)

225 g / 8 oz / 2 tazas de queso cheddar rallado

150 ml / ¼ pt / 2/3 taza de leche

150ml / ¼ pt / 2/3 taza de crema batida

Mezcle la mantequilla o la margarina con las migas de galleta y presione en el fondo de un aro de flan de 8 pulgadas/20 cm. Parte inferior suelta. Enfriar hasta que esté firme.

Espolvorear la gelatina sobre 30 ml/2 cucharadas del jugo de piña reservado en un bol y dejar hasta que esté espumoso. Reserva un poco de piña para decorar, luego trocea el resto y ponlo sobre la base de galleta. Coloca el bol en una olla con agua caliente y déjalo hasta que se disuelva. Bate las yemas de huevo, el azúcar y 150 ml / ¼ pt / 2/3 taza del jugo de piña reservado en un recipiente resistente al calor sobre una cacerola con agua hirviendo hasta que se deshaga la mezcla espesa. Alejar del calor. Bate la crema simple y doble hasta que espese, agrega el queso y la leche, luego incorpora la mezcla de huevo con la gelatina. Dejar enfriar. Batir las claras de huevo a punto de nieve, luego incorporarlas suavemente a la mezcla.

Batir la crema batida y las rosetas tubulares alrededor de la parte superior del pastel, luego decorar con la piña reservada.

tarta de queso con pasas

8 porciones

Para la base:

100g / 4oz / ½ taza de mantequilla o margarina

40 g / 1½ oz / 2 cucharadas de miel clara

50g / 2oz / ¼ taza azúcar demerara

225 g / 8 oz / 2 tazas de copos de avena

Para el relleno:

225 g / 8 oz / 1 taza de requesón

150 ml / ¼ pt / 2/3 taza de yogur natural

150 ml / ¼ pt / 2/3 taza de crema agria (agria)

50g / 2oz / 1/3 taza de pasas

15 g / ½ oz / 1 cucharada de gelatina en polvo

60 ml / 4 cucharadas de agua hirviendo

Derrita la mantequilla o la margarina, luego agregue la miel, el azúcar y la avena. Presione en la base de un molde para pasteles de 20 cm engrasado (sartén).

Para hacer el relleno, tamiza el requesón en un tazón y mézclalo con el yogur y la crema agria. Agregue las pasas. Espolvorea la gelatina sobre el agua caliente y déjala hasta que se disuelva. Caliente sobre un recipiente con agua caliente hasta que esté transparente, luego agregue a la mezcla y revuelva suavemente hasta que comience a solidificarse. Colocar sobre la base preparada y dejar reposar.

Cheesecake de frambuesa

Hace un pastel de 15 cm / 6 pulgadas

75 g / 3 oz / 1/3 taza de mantequilla o margarina, derretida

175 g / 6 oz / 1½ taza de migas de galleta graham

3 huevos, separados

300ml / ½ pt / 1¼ tazas de leche

25 g / 1 oz / 2 cucharadas de azúcar glas (superfina)

15 g / ½ oz / 1 cucharada de gelatina

30 ml / 2 cucharadas de agua fría

225 g / 8 oz / 1 taza de queso crema, ligeramente batido

Ralladura rallada y jugo de ½ limón

Frambuesas 450 g / 1 libra

Mezcle la mantequilla o la margarina y las galletas y presione en la base de un molde para pasteles de 6/15 cm de ancho. Enfría mientras haces el relleno.

Batir las yemas de huevo, luego verterlas en una cacerola con la leche y calentar a fuego lento, revolviendo constantemente, hasta que la crema espese. Retire del fuego y agregue azúcar. Espolvorea la gelatina sobre el agua caliente y déjala hasta que se disuelva. Calienta en un recipiente con agua caliente hasta que esté transparente, luego agrega el queso con la crema pastelera, la ralladura y el jugo de limón. Batir las claras a punto de nieve, luego incorporarlas a la mezcla y colocarlas sobre la base. Fresco para cuajar. Adorne con frambuesas justo antes de servir.

pastel siciliano

Hace un pastel de 25 cm / 10 pulgadas

900 g / 2 libras / 4 tazas de requesón

100 g / 4 oz / 2/3 taza de azúcar glas (de confitería).

5 ml / 1 cucharadita de piel de naranja rallada

100 g / 4 oz / 1 taza de chocolate amargo (semidulce), rallado

10 oz / 275 g de frutas mixtas picadas

10 oz / 275 g de bizcochos (galletas) o bizcocho, en rodajas

175ml / 6 fl oz / ¾ taza de ron

Batir la ricota con la mitad del azúcar y la ralladura de naranja. Reserve 15 ml/1 cucharada de chocolate y fruta para decorar, luego incorpore el resto a la mezcla. Cubra un molde para pasteles de 25 cm (lata) con film transparente (papel aluminio). Sumerja las galletas o el bizcocho en el ron para humedecerlos, luego use la mayor parte para cubrir el fondo y los lados de la sartén. Extienda la mezcla de queso dentro. Sumerja las galletas restantes en el ron y utilícelas para adornar la mezcla de queso. Cubrir con film transparente (papel aluminio) y presionar hacia abajo. Enfriar durante 1 hora hasta que esté firme. Desmoldar utilizando el film transparente, espolvorear con el resto del azúcar glas y decorar con el chocolate y la fruta reservada.

Tarta de queso con yogur glaseado

Hace un pastel de 23 cm / 9 pulgadas

Para la base:

2 huevos

75g / 3oz / ¼ taza de miel clara

100 g / 4 oz / 1 taza de harina de trigo integral (integral)

10 ml / 2 cucharaditas de polvo de hornear

Unas gotas de esencia de vainilla (extracto)

Para el relleno:

25 g / 1 oz / 2 cucharadas de gelatina en polvo

30 ml / 2 cucharadas de azúcar glas (superfino)

75 ml / 5 cucharadas de agua

225 g / 8 oz / 1 taza de yogur natural

225 g / 8 oz / 1 taza de queso crema suave

75g / 3oz / ¼ taza de miel clara

250ml / 8 fl oz / 1 taza de crema batida

Para el condimento:

100 g de frambuesas

45 ml / 3 cucharadas de mermelada (reserva)

15ml / 1 cucharada de agua

Para preparar la base, bate los huevos y la miel hasta que esté espumoso. Agregar poco a poco la harina, el polvo para hornear y la esencia de vainilla hasta obtener una masa homogénea. Estirar sobre una superficie ligeramente enharinada y colocar sobre la base de un molde (molde) de 23 cm engrasado. Hornee en un horno precalentado a 200°C/400°F/gas marca 6 durante 20 minutos. Sacar del horno y dejar enfriar.

Para hacer el relleno, disuelva la gelatina y el azúcar en agua en un tazón pequeño, luego deje la mezcla en una olla con agua caliente hasta que se vuelva transparente. Retirar del agua y dejar enfriar un poco. Bate el yogur, el queso crema y la miel hasta que estén bien mezclados. Batir la nata a punto de nieve. Agregue la crema a la mezcla de yogur y luego agregue la gelatina. Colocar sobre la base y dejar reposar.

Coloque las frambuesas en un patrón atractivo en la parte superior. Disuelva la mermelada con agua, luego pásela por un colador. Cepille la parte superior de la tarta de queso y enfríe antes de servir.

Tarta de queso con fresas

Hace un pastel de 20 cm / 8 pulgadas

100 g / 4 oz / 1 taza de migas de galleta graham

25 g / 1 oz / 2 cucharadas de azúcar demerara

50g / 2oz / ¼ taza de mantequilla o margarina, derretida

15 ml / 1 cucharada de gelatina en polvo

45 ml / 3 cucharadas de agua

350g / 12oz / 1½ taza de requesón

50 g / 2 oz / ¼ taza de azúcar glas (superfina)

ralladura y jugo de 1 limón

2 huevos, separados

300ml / ½ pt / 1¼ tazas de crema espesa (ligera).

100 g de fresas, en rodajas

120 ml / 4 fl oz / ½ taza de crema doble (pesada), batida

Mezcle las migas de galleta, el azúcar demerara y la mantequilla o margarina y presione en el fondo de un molde para pastel de 20 cm/8 pulgadas de fondo ancho. Enfriar hasta que esté firme.
Espolvorear la gelatina en el agua y dejar hasta que quede esponjosa. Pon el recipiente en una olla con agua caliente y déjalo hasta que se vuelva transparente. Mezclar el queso, el azúcar glas, la ralladura y el jugo de limón, las yemas y la nata. Batir la gelatina. Bate las claras de huevo a punto de nieve, luego agrégalas a la mezcla de queso. Verter sobre la base y llevar a la nevera hasta que solidifique.
Acomoda las fresas encima del cheesecake y vierte la crema por el borde para decorar.

Cheesecake de sultana y brandy

Hace un pastel de 20 cm / 8 pulgadas

100 g / 4 oz / 2/3 taza de sultanas (pasas doradas)

45 ml / 3 cucharadas de brandy

100 g / 4 oz / ½ taza de mantequilla o margarina, blanda

100 g / 4 oz / ½ taza de azúcar morena blanda

75 g / 3 oz / ¾ taza de harina común (para todo uso)

75g / 3oz / 3/4 taza de almendras molidas

2 huevos, separados

225 g / 8 oz / 1 taza de queso crema

100 g / 4 oz / ½ taza de ricotta (ricotta blanda)

Unas gotas de esencia de vainilla (extracto)

150 ml / ¼ pt / 2/3 taza de crema doble (pesada)

Pon las pasas en un bol con el brandy y déjalas macerar hasta que se vuelvan carnosas. Bate la mantequilla o la margarina y 50 g/2 oz/¼ de taza de azúcar hasta que quede suave y esponjosa. Mezcle la harina y las almendras molidas y mezcle hasta formar una masa. Presione en un molde para pastel (lata) de 20 cm/8 pulgadas engrasado y hornee en un horno precalentado a 180 °C/350 °F/nivel de gas 4 durante 12 minutos hasta que se doren. Dejar enfriar.

Batir las yemas con la mitad del azúcar restante. Agrega los quesos, la esencia de vainilla, las pasas y el brandy. Batir la nata hasta que esté firme y luego incorporarla a la mezcla. Bate las claras de huevo hasta que estén firmes, luego agrega el azúcar restante y vuelve a batir hasta que estén firmes y brillantes. Incorporar a la mezcla de queso. Verter sobre la base cocida y refrigerar por varias horas hasta que solidifique.

Tarta de queso al horno

Hace un pastel de 20 cm / 8 pulgadas

50g / 2oz / ¼ taza de mantequilla o margarina, derretida

225 g / 8 oz / 2 tazas de migas de galleta graham

225 g / 8 oz / 1 taza de requesón

100 g / 4 oz / ½ taza de azúcar glas (superfina)

3 huevos, separados

25 g / 1 oz / ¼ taza de harina de maíz (fécula de maíz)

2,5ml / ½ cucharadita de esencia de vainilla (extracto)

400 ml / 14 fl oz / 1¾ taza de crema agria (ácido lácteo)

Mezcle la mantequilla o margarina y las migas de galleta y presione en la base de un molde para pastel de fondo ancho de 20 cm/8 pulgadas engrasado. Mezcle todos los demás ingredientes excepto las claras de huevo. Batir las claras a punto de nieve, luego incorporarlas a la mezcla y colocarlas sobre la base de galleta. Hornee en un horno precalentado a 150 °C/300 °F/nivel de gas 3 durante 1,5 horas. Apaga el horno y abre ligeramente la puerta. Deja la tarta de queso en el horno hasta que se enfríe.

Barras de pastel de queso al horno

son las 16

75g / 3oz / 1/3 taza de mantequilla o margarina

100 g / 4 oz / 1 taza de harina común (para todo uso)

75 g / 3 oz / 1/3 taza de azúcar morena suave

50 g / 2 oz / ½ taza de nueces picadas

225 g / 8 oz / 1 taza de queso crema

50 g / 2 oz / ¼ taza de azúcar glas (superfina)

1 huevo

30 ml / 2 cucharadas de leche

5 ml / 1 cucharadita de jugo de limón

2,5ml / ½ cucharadita de esencia de vainilla (extracto)

Frote la mantequilla o la margarina en la harina hasta que la mezcla parezca pan rallado. Agregue el azúcar moreno y las nueces. Presione todo menos 100 g / 4 oz / 1 taza de la mezcla en un molde para pasteles engrasado de 20 cm / 8 pulgadas. Hornee en un horno precalentado a 180 °C/350 °F/marca de gas 4 durante 15 minutos hasta que se dore ligeramente.

Batir el queso crema y el azúcar en polvo hasta que quede suave. Batir el huevo, la leche, el jugo de limón y la esencia de vainilla. Extienda la mezcla sobre el pastel en el molde y espolvoree con la mezcla de mantequilla de nuez reservada. Hornee por otros 30 minutos hasta que esté listo y ligeramente dorado en la parte superior. Dejar enfriar, dejar enfriar y servir frío.

tarta de queso americana

Hace un pastel de 23 cm / 9 pulgadas

175 g / 6 oz / 1½ taza de migas de galleta graham

15 ml / 1 cucharada de azúcar glas (superfina).

50g / 2oz / ¼ taza de mantequilla o margarina, derretida

Para el relleno:

450 g / 1 libra / 2 tazas de queso crema

450 g / 1 libra / 2 tazas de requesón

250 g / 9 oz / generosa 1 taza de azúcar glas (superfina).

10 ml / 2 cucharaditas de esencia de vainilla (extracto)

5 huevos, separados

400 ml / 14 fl oz / 1 lata grande de leche evaporada

120 ml / 4 fl oz / ½ taza de crema doble (pesada)

30 ml/2 cucharadas de harina común (para todo uso)

una pizca de sal

15 ml / 1 cucharada de jugo de limón

Mezcle las migas de galleta y el azúcar con la mantequilla derretida y presione en el fondo de un molde para pastel de 23 cm/9 pulgadas de fondo ancho.

Para hacer el relleno, mezcle los quesos, luego agregue el azúcar y la esencia de vainilla. Mezclar las yemas de huevo, luego la leche evaporada, la nata, la harina, la sal y el zumo de limón. Batir las claras de huevo a punto de nieve, luego incorporarlas con cuidado a la mezcla. Vierta en el molde y hornee en un horno precalentado a 180°C/350°F/nivel de gas 4 durante 45 minutos. Deje que se enfríe lentamente, luego enfríe antes de servir.

Cheesecake de Manzana al Horno Holandés

Hace un pastel de 20 cm / 8 pulgadas

100g / 4oz / ½ taza de mantequilla o margarina

175 g / 6 oz / 1½ taza de migas de galleta graham

2 manzanas para comer (de postre), peladas, sin corazón y en rodajas

100 g / 4 oz / 2/3 taza de sultanas (pasas doradas)

225 g / 8 oz / 2 tazas de queso Gouda, rallado

25 g / 1 oz / ¼ taza de harina común (para todo uso)

75 ml / 5 cucharadas de crema normal (ligera)

2,5 ml / 1/2 cucharadita de especias molidas mixtas (pastel de manzana)

ralladura y jugo de 1 limón

3 huevos, separados

100 g / 4 oz / 3/4 taza de azúcar glas (superfina).

2 manzanas de piel roja, sin corazón y rebanadas

30 ml / 2 cucharadas de mermelada de albaricoque (en conserva), tamizada (vertida)

Derrita la mitad de la mantequilla o margarina y agregue las migas de galleta. Presione la mezcla en la base de un molde para pastel de 20 cm de fondo ancho. Derrita la mantequilla restante y fría (saltee) las manzanas para comer hasta que estén blandas y doradas. Escurrir el exceso de grasa, dejar enfriar un poco, luego extender sobre la base de galleta y espolvorear con pasas.

Mezcle el queso, la harina, la crema, la mezcla de especias y el jugo y la ralladura de limón. Mezcle las yemas de huevo y el azúcar e incorpórelos a la mezcla de queso hasta que estén bien mezclados. Batir las claras de huevo a punto de nieve, luego incorporarlas a la mezcla. Coloque en el molde preparado y hornee en un horno precalentado a 180°C / 350°F / marca de gas 4 durante 40 minutos hasta que cuaje en el centro. Dejar enfriar en el molde.

Coloque las rodajas de manzana en círculos alrededor de la parte superior del pastel. Caliente la mermelada y úntela sobre las manzanas para obtener un glaseado.

Cheesecake de albaricoques y avellanas al horno

Hace un pastel de 18 cm / 7 pulgadas

75g / 3oz / 1/3 taza de mantequilla o margarina

100 g / 4 oz / 1 taza de harina común (para todo uso)

100 g / 4 oz / ½ taza de azúcar glas (superfina)

25 g / 1 oz / ¼ taza de avellanas molidas

30 ml / 2 cucharadas de agua fría

100 g / 4 oz / 2/3 taza de albaricoques secos listos para comer, picados

ralladura y jugo de 1 limón

100 g / 4 oz / ½ taza de ricotta (ricotta blanda)

100 g / 4 oz / ½ taza de queso crema

25 g / 1 oz / ¼ taza de harina de maíz (fécula de maíz)

2 huevos, separados

15 ml / 1 cucharada de azúcar glas (pasteles).

Frote la mantequilla o la margarina en la harina hasta que la mezcla parezca pan rallado. Agregue la mitad del azúcar y las avellanas, luego agregue suficiente agua para hacer una masa firme (pasta). Estirar y usar para recubrir un anillo flan inferior suelto engrasado de 18 cm/7 pulgadas. Distribuir los albaricoques en la base. Triture la ralladura y el jugo de limón y los quesos en un procesador de alimentos o licuadora. Bate el resto del azúcar, la maicena y las yemas de huevo hasta que quede suave y cremoso. Batir las claras de huevo a punto de nieve, luego agregarlas a la mezcla y distribuirlas sobre el flan. Hornee en un horno precalentado a 180°C/350°F/gas 4 durante 30 minutos hasta que estén bien cocidos y dorados. Dejar enfriar un poco,

Tarta de queso albaricoque y naranja al horno

8 porciones

Para la masa (pasta):

75g / 3oz / 1/3 taza de mantequilla o margarina

175 g / 6 oz / 1½ taza de harina común (para todo uso)

una pizca de sal

30 ml / 2 cucharadas de agua

Para el relleno:

225 g / 8 oz / 1 taza de ricotta (ricotta blanda)

75 ml / 5 cucharadas de leche

2 huevos, separados

30ml / 2 cucharadas de miel clara

3 gotas de esencia de naranja (extracto)

ralladura de 1 naranja

25 g / 1 oz / ¼ taza de harina común (para todo uso)

75 g / 3 oz / ½ taza de albaricoques partidos por la mitad, picados

Frote la mantequilla o la margarina en la harina y la sal hasta que la mezcla parezca pan rallado. Poco a poco agregue suficiente agua para hacer una masa suave. Estirar sobre una superficie ligeramente enharinada y usar para cubrir un anillo de flan engrasado de 20 cm/8 pulgadas. Forre con papel vegetal y frijoles y hornee a ciegas en horno precalentado a 200°C/400°F/gas marca 6 por 10 minutos, luego retire papel y frijoles, reduzca la temperatura del horno a 190°C/375°F/gas dial 5 y cocina la caja (tarta) por otros 5 minutos.

Mientras tanto, mezcle el queso, la leche, las yemas de huevo, la miel, la esencia de naranja, la ralladura de naranja y la harina hasta que quede suave. Batir las claras de huevo a punto de nieve, luego incorporarlas a la mezcla. Verter en el plato y espolvorear con albaricoques. Hornee en un horno precalentado durante 20 minutos hasta que esté firme.

Tarta de queso albaricoque y ricota al horno

Hace un pastel de 23 cm / 9 pulgadas

100g / 4oz / ½ taza de mantequilla o margarina

225 g / 8 oz / 2 tazas de migas de galleta graham

75 g / 3 oz / 1/3 taza de azúcar en polvo (superfina).

5 ml / 1 cucharadita de canela molida

900 g / 2 libras / 4 tazas de requesón

30 ml/2 cucharadas de harina común (para todo uso)

2,5ml / ½ cucharadita de esencia de vainilla (extracto)

ralladura de 1 limón

3 yemas de huevo

350 g de albaricoques, sin hueso (sin hueso) y partidos por la mitad

50 g / 2 oz / ½ taza de almendras en copos (en rodajas)

Derrita la mantequilla, luego agregue las galletas desmenuzadas, 30 ml/2 cucharadas de azúcar y la canela. Presione la mezcla en un molde para pasteles (sartén) de base ancha engrasado de 9 pulgadas. Batir la ricota con el azúcar restante, la harina, la esencia de vainilla y la ralladura de limón durante 2 minutos. Batir poco a poco las yemas hasta conseguir una mezcla homogénea. Verter la mitad del relleno sobre la base de galleta. Extienda los albaricoques sobre el relleno, espolvoree con las almendras y luego vierta sobre el relleno restante. Hornee en un horno precalentado a 180°C/350°F/gas marca 4 durante 15 minutos hasta que esté firme al tacto. Dejar enfriar, luego enfriar.

tarta de queso boston

Hace un pastel de 23 cm / 9 pulgadas

225 g / 8 oz / 2 tazas de migas de galleta simples (galletas)

50 g / 2 oz / ¼ taza de azúcar glas (superfina)

2,5ml / ½ cucharadita de canela molida

Una pizca de nuez moscada rallada

75 g / 3 oz / 1/3 taza de mantequilla o margarina, derretida

Para el relleno:

4 huevos, separados

225 g / 8 oz / 1 taza de azúcar glas (superfina)

250 ml / 8 fl oz / 1 taza de crema agria (ácido lácteo)

5 ml / 1 cucharadita de esencia de vainilla (extracto)

30 ml/2 cucharadas de harina común (para todo uso)

una pizca de sal

450 g / 1 libra / 2 tazas de queso crema

Mezcle las migas de galleta, el azúcar, la canela y la nuez moscada con la mantequilla derretida, luego presione en la base y los lados de una flanera de 23 cm de fondo ancho. Bate las yemas de huevo hasta obtener una mezcla espesa y cremosa. Bate las claras de huevo hasta que estén firmes, agrega 50 g/2 oz/¼ de taza de azúcar y sigue batiendo hasta que estén firmes y brillantes. Mezcle la crema agria y la esencia de vainilla con las yemas de huevo, luego agregue el azúcar restante, la harina y la sal. Agregue con cuidado el queso y luego agregue las claras de huevo. Vierta en la base y hornee en un horno precalentado a 160 °C/325 °F/nivel de gas 3 durante 1 hora hasta que esté firme al tacto. Deje enfriar, luego enfríe antes de servir.

Pastel de queso caribeño al horno

Hace un pastel de 23 cm / 9 pulgadas

Para la base:

100 g / 4 oz / 1 taza de harina común (para todo uso)

25 g / 1 oz / ¼ taza de almendras molidas

25 g / 1 oz / 2 cucharadas de azúcar morena suave

50g / 2oz / ¼ taza de mantequilla o margarina, derretida y enfriada

1 huevo

15 ml / 1 cucharada de leche

Para el relleno:

75g / 3oz / ½ taza de pasas

15-30 ml / 1-2 cucharadas de ron (al gusto)

225 g / 8 oz / 1 taza de ricotta (ricotta blanda)

50g / 2oz / ¼ taza de mantequilla o margarina

25 g / 1 oz / ¼ taza de almendras molidas

50 g / 2 oz / ¼ taza de azúcar glas (superfina)

2 huevos

Para preparar la base, mezclar la harina, las almendras y el azúcar moreno. Agregue la mantequilla o margarina, el huevo y la leche y mezcle hasta que quede suave. Estirar y dar forma a la base de un molde para pastel engrasado de 23 cm / 9 pulgadas, pinchar todo con un tenedor y hornear en un horno precalentado a 190°C / 375°F / gas marca 5 durante 10 minutos. dorado.

Para hacer el relleno, remoje las pasas en ron hasta que espese. Mezcle el queso, la mantequilla, las almendras molidas y el azúcar en polvo. Mezcle los huevos, luego agregue las pasas y el ron al gusto. Verter sobre la base y hornear en el horno precalentado durante 10 minutos hasta que estén doradas y firmes al tacto.

Tarta de queso con chocolate al horno

Hace un pastel de 23 cm / 9 pulgadas

Para la base:

100 g / 4 oz / 1 taza de migas de galleta de jengibre

15 ml / 1 cucharada de azúcar

50g / 2oz / ¼ taza de mantequilla, derretida

Para el relleno:

175g / 6oz / 1½ taza de chocolate amargo (semidulce).

225 g / 8 oz / 1 taza de azúcar glas (superfina)

30 ml / 2 cucharadas de cacao en polvo (chocolate sin azúcar)

450 g / 1 libra / 2 tazas de queso crema

120 ml / 4 fl oz / ½ taza de crema agria (ácido lácteo)

5 ml / 1 cucharadita de esencia de vainilla (extracto)

4 huevos, ligeramente batidos

Para preparar la base, mezcle las galletas y el azúcar con la mantequilla derretida y presione en la base de una sartén engrasada de fondo ancho de 9 pulgadas (sartén). Para hacer el relleno, derrita el chocolate con la mitad del azúcar y el cacao en un recipiente resistente al calor colocado sobre una cacerola con agua hirviendo. Retire del fuego y deje enfriar un poco. Bate el queso hasta que esté suave, luego mezcla gradualmente el azúcar restante, la crema agria y la esencia de vainilla. Poco a poco agregue los huevos, luego incorpore la mezcla de chocolate y vierta sobre la base preparada. Hornee en un horno precalentado a 180°C/350°F/gas marca 4 durante 40 minutos hasta que esté firme al tacto.

Cheesecake de chocolate y nueces

Hace un pastel de 23 cm / 9 pulgadas

Para la base:

100 g / 4 oz / 1 taza de migas de galleta graham

100 g / 4 oz / ½ taza de azúcar glas (superfina)

50g / 2oz / ¼ taza de mantequilla, derretida

Para el relleno:

175g / 6oz / 1½ taza de chocolate amargo (semidulce).

50 g / 2 oz / ¼ taza de azúcar glas (superfina)

30 ml / 2 cucharadas de cacao en polvo (chocolate sin azúcar)

450 g / 1 libra / 2 tazas de queso crema

25 g / 1 oz / ¼ taza de almendras molidas

120 ml / 4 fl oz / ½ taza de crema agria (ácido lácteo)

5 ml / 1 cucharadita de esencia de almendras (extracto)

4 huevos, ligeramente batidos

Para preparar la base, mezcle las migas de galleta y 100 g de azúcar con la mantequilla derretida y presione en la base de un molde para pastel de 23 cm de fondo engrasado. Para hacer el relleno, derrita el chocolate con el azúcar y el cacao en un recipiente resistente al calor colocado sobre una cacerola con agua hirviendo a fuego lento. Retire del fuego y deje enfriar un poco. Bate el queso hasta que esté suave, luego mezcla gradualmente el azúcar restante, las almendras molidas, la crema agria y la esencia de almendras. Poco a poco agregue los huevos, luego incorpore la mezcla de chocolate y vierta sobre la base preparada. Hornee en un horno precalentado a 180°C/350°F/gas marca 4 durante 40 minutos hasta que esté firme al tacto.

tarta de queso alemana

Hace un pastel de 23 cm / 9 pulgadas

para la base

25 g / 1 oz / 2 cucharadas de mantequilla o margarina

225 g / 8 oz / 2 tazas de harina común (para todo uso)

2,5 ml / ½ cucharadita de levadura en polvo

50 g / 2 oz / ¼ taza de azúcar glas (superfina)

1 yema de huevo

15 ml / 1 cucharada de leche

Para el relleno:

900 g / 2 libras / 4 tazas de requesón

225 g / 8 oz / 1 taza de azúcar glas (superfina)

50g / 2oz / ¼ taza de mantequilla o margarina, derretida

250 ml / 8 fl oz / 1 taza de crema doble (pesada)

5 ml / 1 cucharadita de esencia de vainilla (extracto)

4 huevos, ligeramente batidos

175 g / 6 oz / 1 taza de sultanas (pasas doradas)

15 ml / 1 cucharada de harina de maíz (fécula de maíz)

una pizca de sal

Para hacer la base, frotar la mantequilla o margarina con la harina y el polvo de hornear, luego agregar el azúcar y hacer un hueco en el centro. Mezclar la yema de huevo y la leche y amasar hasta obtener una masa bastante suave. Presione en el fondo de un molde para pastel cuadrado de 23 cm/9 pulgadas.

Para hacer el relleno, escurra el exceso de líquido de la ricota, luego agregue el azúcar, la mantequilla derretida, la nata y la esencia de vainilla. Agrega los huevos. Revuelva las sultanas en la harina de maíz y la sal hasta que estén cubiertas, luego incorpórelas a la mezcla. Verter sobre la base y hornear en horno precalentado a 230°C / 450°F / gas marca 8 durante 10 minutos. Reduzca la temperatura del horno a 190°C / 375°F / marca de gas 5 y cocine por otra hora hasta que esté firme al tacto. Dejar enfriar en la sartén, luego enfriar.

Tarta de queso con licor de crema irlandesa

Hace un pastel de 23 cm / 9 pulgadas

Para la base:

225 g / 8 oz / 2 tazas de migas de galleta graham

50 g / 2 oz / ½ taza de almendras molidas

100 g / 4 oz / ½ taza de azúcar glas (superfina)

100g / 4oz / ½ taza de mantequilla o margarina, derretida

Para el relleno:

900 g / 2 libras / 4 tazas de queso crema

225 g / 8 oz / 1 taza de azúcar glas (superfina)

5 ml / 1 cucharadita de esencia de vainilla (extracto)

175ml / 6 fl oz / ¾ taza de licor de crema irlandesa

3 huevos

Para el condimento:

250 ml / 8 fl oz / 1 taza de crema agria (ácido lácteo)

60 ml / 4 cucharadas de licor de crema irlandesa

50 g / 2 oz / ¼ taza de azúcar glas (superfina)

Para hacer la base, mezcle las migas de galleta, las almendras y el azúcar con la mantequilla o margarina derretida y presione en la base y los lados de un molde desmontable de 9/23 cm.

Para hacer el relleno, bate el queso crema y el azúcar hasta que quede suave. Agrega la esencia de vainilla y el licor. Incorporar poco a poco los huevos. Vierta en la base y hornee en un horno precalentado a 180°C/350°F/nivel de gas 4 durante 40 minutos.

Para hacer el topping, montar la nata, el licor y el azúcar hasta que espese. Verter sobre la tarta de queso y distribuir uniformemente.

Regrese la tarta de queso al horno por otros 5 minutos. Deje enfriar, luego enfríe antes de servir.

Cheesecake americano con limón y nueces

Hace un pastel de 20 cm / 8 pulgadas

Para la base:

225 g / 8 oz / 2 tazas de migas de galleta graham

25 g / 1 oz / 2 cucharadas de azúcar glas (superfina)

5 ml / 1 cucharadita de canela molida

50g / 2oz / ¼ taza de mantequilla o margarina, derretida

Para el relleno:

2 huevos, separados

100 g / 4 oz / ½ taza de azúcar glas

350 g / 12 oz / 1½ taza de queso blando con toda la grasa

ralladura y jugo de 1 limón

150 ml / ¼ pt / 2/3 taza de crema doble (pesada)

25 g / 1 oz / ¼ taza de nueces mixtas picadas

Para hacer la base, combine las migas, el azúcar y la canela con la mantequilla o margarina. Presione en la base y los lados de una fuente para flan de fondo ancho de 20 cm (molde). Frío.

Para hacer el relleno, bate las yemas de huevo y el azúcar hasta obtener una crema espesa. Agregue el queso, la ralladura de limón y el jugo. Batir la nata hasta que esté firme y luego incorporarla a la mezcla. Batir las claras de huevo a punto de nieve, luego incorporarlas a la mezcla. Vierta en la base y hornee en un horno precalentado a 160°C / 325°F / gas marca 3 durante 45 minutos. Espolvorea con las nueces y regresa al horno por otros 20 minutos. Apague el horno y deje que la tarta de queso se enfríe en el horno, luego enfríe antes de servir.

Tarta de queso naranja

Hace un pastel de 23 cm / 9 pulgadas

Para la base:

100 g / 4 oz / 1 taza de obleas trituradas (galletas)

2,5ml / ½ cucharadita de canela molida

15 ml / 1 cucharada de clara de huevo

Para el relleno:

450 g / 1 libra / 2 tazas de requesón

225 g / 8 oz / 1 taza de queso crema

75 g / 3 oz / 1/3 taza de azúcar en polvo (superfina).

15 ml/1 cucharada de harina común (para todo uso)

30 ml / 2 cucharadas de jugo de naranja

10 ml / 2 cucharaditas de piel de naranja rallada

5 ml / 1 cucharadita de esencia de vainilla (extracto)

1 naranja grande, cortada en gajos y sin piel

100 g de fresas, en rodajas

Para hacer la base, mezcle las obleas con costra y la canela. Batir las claras de huevo hasta que estén espumosas, luego agregar las migas. Presione la mezcla en la base de un molde para pastel de fondo ancho de 23 cm / 9 pulgadas. Hornee en un horno precalentado a 180°C/350°F/gas marca 4 durante 10 minutos. Sacar del horno y dejar enfriar. Reduzca la temperatura del horno a 150 °C/300 °F/marca de gas 2.

Para hacer el relleno, mezcle los quesos, el azúcar, la harina, el jugo de naranja, la ralladura y la esencia de vainilla hasta que quede suave. Verter sobre la base y hornear en el horno preestablecido durante 35 minutos hasta que cuaje. Deje enfriar, luego enfríe hasta que esté sólido. Decora con naranjas y fresas.

Torta de queso ricotta

Hace un pastel de 23 cm / 9 pulgadas

Para la base:

25 g / 1 oz / 2 cucharadas de azúcar glas (superfina)

5 ml / 1 cucharadita de ralladura de limón

100 g / 4 oz / 1 taza de harina común (para todo uso)

Unas gotas de esencia de vainilla (extracto)

1 yema de huevo

25 g / 1 oz / 2 cucharadas de mantequilla o margarina

Para el condimento:

750 g / 1½ lb / 3 tazas de requesón

225 g / 8 oz / 1 taza de azúcar glas (superfina)

120 ml / 4 fl oz / ½ taza de crema doble (pesada)

45 ml/3 cucharadas de harina (para todo uso)

5 ml / 1 cucharadita de esencia de vainilla (extracto)

5 huevos, separados

150 g de frambuesas o fresas

Para preparar la base, mezcle el azúcar, la ralladura de limón y la harina, luego agregue la esencia de vainilla, la yema de huevo y la mantequilla o margarina. Continuar batiendo hasta que la mezcla forme una masa. Presione la mitad de la masa en un molde desmontable de 9 cm/23 cm engrasado y hornee en un horno precalentado a 200 °C/400 °F/nivel de gas 6 durante 8 minutos. Reduzca la temperatura del horno a 180 °C/350 °F/marca de gas 4. Deje enfriar, luego presione la masa restante alrededor de los lados del molde.

Para el relleno, bate la ricota hasta que esté cremosa. Añadir el azúcar, la nata, la harina, la esencia de vainilla y las yemas de huevo. Batir las claras de huevo a punto de nieve, luego incorporarlas a la mezcla. Verter sobre la base y hornear en horno precalentado durante 1 hora. Deje enfriar en la bandeja, luego enfríe antes de colocar la fruta encima para servir.

Pastel de queso con capas de queso horneado y crema agria

Hace un pastel de 23 cm / 9 pulgadas

50g / 2oz / ¼ taza de mantequilla o margarina, blanda

50 g / 2 oz / ¼ taza de azúcar glas (superfina)

1 huevo

350 g / 12 oz / 3 tazas de harina común (para todo uso)

Para el relleno:

675 g / 1½ lb / 3 tazas de queso crema

15 ml / 1 cucharada de jugo de limón

5 ml / 1 cucharadita de ralladura de limón

175 g / 6 oz / ¾ taza de azúcar glas (superfina)

3 huevos

250 ml / 8 fl oz / 1 taza de crema agria (ácido lácteo)

5 ml / 1 cucharadita de esencia de vainilla (extracto)

Para preparar la base, batir la mantequilla o margarina y el azúcar hasta que la mezcla esté ligera y esponjosa. Poco a poco batir el huevo, luego agregar la harina para hacer una masa (pasta). Estirar y usar para forrar un molde para pastel de 23 cm/9" engrasado y hornear en un horno precalentado a 220 °C/425 °F/gas marca 7 durante 5 minutos.

Para hacer el relleno, mezcle el queso crema, el jugo de limón y la ralladura. Reserve 30 ml/2 cucharadas de azúcar, luego mezcle el resto con el queso. Poco a poco agregue los huevos, luego vierta la mezcla en la base. Hornee en el horno precalentado durante 10 minutos, luego reduzca la temperatura del horno a 150 °C/300 °F/nivel de gas 2 y hornee durante otros 30 minutos. Mezclar la crema agria, el azúcar reservado y la esencia de vainilla. Vierta sobre el pastel y vuelva al horno y hornee por otros 10 minutos. Deje enfriar, luego enfríe antes de servir.

Pastel de queso ligero al horno con pasas

Hace un pastel de 18 cm / 7 pulgadas

75 g / 3 oz / 1/3 taza de mantequilla o margarina, derretida

100 g / 4 oz / 1 taza de copos de avena

50 g / 2 oz / 1/3 taza de sultanas (pasas doradas)

Para el relleno:

50g / 2oz / ¼ taza de mantequilla o margarina, blanda

250g / 9oz / generoso 1 taza de quark

2 huevos

25 g / 1 oz / 3 cucharadas de sultanas (pasas doradas)

25 g / 1 oz / ¼ taza de almendras molidas

Zumo y ralladura de 1 limón

45 ml / 3 cucharadas de yogur natural

Mezcle mantequilla o margarina, avena y pasas. Presione en la base de un molde para pasteles engrasado de 18 cm / 7 pulgadas (bandeja para asar) y hornee en un horno precalentado a 180C / 350F / marca de gas 4 durante 10 minutos. Mezclar los ingredientes del relleno y colocarlos sobre la base. Hornee por otros 45 minutos. Dejar enfriar en el molde antes de desmoldar.

Tarta de queso ligera de vainilla al horno

Hace un pastel de 23 cm / 9 pulgadas

175 g / 6 oz / 1½ taza de migas de galleta graham

225 g / 8 oz / 1 taza de azúcar glas (superfina)

5 claras de huevo

50g / 2oz / ¼ taza de mantequilla o margarina, derretida

225 g / 8 oz / 1 taza de queso crema

225 g / 8 oz / 1 taza de requesón

120ml / 4 fl oz / ½ taza de leche

30 ml/2 cucharadas de harina común (para todo uso)

5 ml / 1 cucharadita de esencia de vainilla (extracto)

una pizca de sal

Mezcle las migas de galleta y 50 g/2 oz/¼ de taza de azúcar. Bate ligeramente una clara de huevo y mézclala con la mantequilla o la margarina, luego mézclala con la mezcla de migas de galleta. Presione en el fondo y los lados de una fuente para flan de 23 cm/9 pulgadas de fondo ancho (sartén) y reserve.

Para hacer el relleno, mezcle el queso crema y la ricotta, luego agregue el azúcar restante, la leche, la harina, la esencia de vainilla y la sal. Batir las claras de huevo restantes hasta que estén rígidas, luego incorporarlas a la mezcla. Vierta en la base y hornee en un horno precalentado a 180°C/350°F/nivel de gas 4 durante 1 hora hasta que cuaje en el centro. Deje que se enfríe en el molde durante 30 minutos antes de transferirlo a una rejilla para que se enfríe por completo. Conservar en el frigorífico hasta el momento de servir.

Tarta de queso con chocolate blanco al horno

Hace un pastel de 18 cm / 7 pulgadas

225 g / 8 oz / 2 tazas de migas de galleta digestiva de chocolate natural (semidulce) (galleta graham)

50g / 2oz / ¼ taza de mantequilla o margarina, derretida

300g / 11oz / 2¾ tazas de chocolate blanco

400g / 14oz / 1¾ taza de queso crema

150 ml / ¼ pt / 2/3 taza de crema agria (agria)

2 huevos, ligeramente batidos

5 ml / 1 cucharadita de esencia de vainilla (extracto)

Mezcle las migas de galleta con la mantequilla o la margarina y presione en el fondo de un molde para pasteles de fondo ancho de 7 pulgadas. Derrita el chocolate blanco en un recipiente resistente al calor colocado sobre una cacerola con agua hirviendo. Retira del fuego y agrega el queso crema, la nata, los huevos y la esencia de vainilla. Extienda la mezcla sobre la base y nivele la parte superior. Hornee en un horno precalentado a 160°C/325°F/gas marca 3 durante 1 hora hasta que esté firme al tacto. Dejar enfriar en el molde.

Cheesecake de chocolate blanco y avellanas

Hace un pastel de 23 cm / 9 pulgadas

225 g / 8 oz galletas wafer de chocolate (galletas)

100g / 4oz / 1 taza de avellanas molidas

30 ml / 2 cucharadas de azúcar moreno blando

5 ml / 1 cucharadita de canela molida

225g / 8oz / 1 taza de mantequilla o margarina

450 g / 1 lb / 4 tazas de chocolate blanco

900 g / 2 libras / 4 tazas de queso crema

4 huevos

1 yema de huevo

5 ml / 1 cucharadita de esencia de vainilla (extracto)

Moler o machacar los gofres y mezclarlos con las mitades de las avellanas, el azúcar y la canela. Reserve 45 ml/3 cucharadas de la mezcla para la cobertura. Derrita 90 ml/6 cucharadas de mantequilla o margarina e incorpórelos a la mezcla de oblea restante. Presione en el fondo y los lados de un molde para pastel (sartén) engrasado con fondo suelto de 23 cm y enfríe mientras hace el relleno.

Derrita el chocolate en un recipiente resistente al calor colocado sobre una cacerola con agua hirviendo. Retire del fuego y deje enfriar un poco. Bate el queso hasta que esté suave y esponjoso. Agregue gradualmente los huevos y la yema de huevo, luego agregue la mantequilla restante y el chocolate derretido. Agregue la esencia de vainilla y las avellanas restantes y bata hasta que quede suave. Vierta el relleno en la base de migas. Hornee en un horno precalentado a 150°C/300°F/nivel de gas 2 durante 1¼ horas. Espolvorea la parte superior con la mezcla de galleta wafer reservada y las nueces y regresa al horno por otros 15 minutos. Deje enfriar, luego enfríe antes de servir.

Tarta de queso con oblea de chocolate blanco

Hace un pastel de 23 cm / 9 pulgadas

225 g / 8 oz galletas wafer de chocolate (galletas)

30 ml / 2 cucharadas de azúcar glas (superfino)

5 ml / 1 cucharadita de canela molida

225g / 8oz / 1 taza de mantequilla o margarina

450 g / 1 lb / 4 tazas de chocolate blanco

900 g / 2 libras / 4 tazas de queso crema

4 huevos

1 yema de huevo

5 ml / 1 cucharadita de esencia de vainilla (extracto)

Moler o machacar las obleas y mezclar con el azúcar y la canela. Reserve 45 ml/3 cucharadas de la mezcla para cubrir. Derrita 90 ml/6 cucharadas de mantequilla o margarina e incorpórelos a la mezcla de oblea restante. Presione en el fondo y los lados de una fuente para flan (bandeja) de fondo suelto de 23 cm engrasada y enfríe.

Para hacer el relleno, derrita el chocolate en un recipiente resistente al calor sobre una cacerola con agua hirviendo. Retire del fuego y deje enfriar un poco. Bate el queso hasta que esté suave y esponjoso. Agregue gradualmente los huevos y la yema de huevo, luego agregue la mantequilla restante y el chocolate derretido. Agregue la esencia de vainilla y bata hasta que quede suave. Vierta el relleno en la base de migas. Hornee en un horno precalentado a 150°C/300°F/nivel de gas 2 durante 1¼ horas. Espolvorea la parte superior con la mezcla de oblea reservada y regresa al horno por otros 15 minutos. Deje enfriar, luego enfríe antes de servir.

Masa rota

El shortbread (base de pastel) es la masa (pastelería) más versátil y se puede utilizar para todo tipo de aplicaciones, principalmente pasteles y repostería. Por lo general, se dispara a 200 °C/400 °F/marca de gas 6.

Rinde 350g / 12oz

225 g / 8 oz / 2 tazas de harina común (para todo uso)

2,5ml / ½ cucharadita de sal

50 g / 2 oz / ¼ taza de manteca de cerdo (ghee)

50g / 2oz / ½ taza de mantequilla o margarina

30–45 ml / 2–3 cucharadas de agua fría

Mezcle la harina y la sal en un tazón, luego frote la manteca de cerdo y la mantequilla o margarina hasta que parezca pan rallado. Rocíe el agua uniformemente sobre la mezcla, luego mezcle con un cuchillo de hoja redonda hasta que la mezcla comience a formar grumos grandes. Presiona suavemente con los dedos hasta que la masa forme una bola. Estirar sobre una superficie ligeramente enharinada hasta que quede suave, pero no exagere. Envuélvalo en film transparente (papel aluminio) y deje que se enfríe durante 30 minutos antes de usarlo.

masa quebrada con aceite

Similar a la masa quebrada (corteza básica de pastel), es más desmenuzable y debe usarse recién cocinada. Por lo general, se dispara a 200 °C/400 °F/marca de gas 6.

Rinde 350g / 12oz

75 ml / 5 cucharadas de aceite

65 ml / 2½ fl oz / 4½ cucharadas de agua fría

225 g / 8 oz / 2 tazas de harina común (para todo uso)

una pizca de sal

Bate el aceite y el agua en un tazón hasta que se mezclen. Agrega poco a poco la harina y la sal, mezclando con un cuchillo de hoja redonda hasta formar una masa. Coloque sobre una superficie ligeramente enharinada y amase suavemente hasta que quede suave. Envuélvalo en film transparente (papel aluminio) y deje que se enfríe durante 30 minutos antes de usarlo.

rica masa quebrada

Se utiliza para tartas dulces y natillas, ya que es más rica que la masa quebrada normal (masa base para tartas). Por lo general, se dispara a 200 °C/400 °F/marca de gas 6.

Rinde 350g / 12oz

150 g / 5 oz / 1¼ tazas de harina común (para todo uso)

una pizca de sal

75 g / 3 oz / 1/3 taza de mantequilla sin sal o margarina (dulce)

1 yema de huevo

10 ml / 2 cucharaditas de azúcar glas (superfina)

45-60 ml / 3-4 cucharadas de agua fría

Mezcle la harina y la sal en un tazón, luego frote la mantequilla o la margarina hasta que la mezcla parezca pan rallado. Bate la yema de huevo, el azúcar y 10 ml/2 cucharaditas de agua en un tazón pequeño, luego incorpora la harina con un cuchillo de hoja redonda y agrega suficiente agua extra para hacer una masa suave. Presione en una bola, gire sobre una superficie ligeramente enharinada y amase suavemente hasta que quede suave. Envuélvalo en film transparente (papel aluminio) y deje que se enfríe durante 30 minutos antes de usarlo.

masa de mantequilla americana

Una hojaldre pegajosa (pasta) que da un acabado más crujiente, ideal para usar con frutas. Por lo general, se dispara a 200 °C/400 °F/marca de gas 6.

Rinde 350g / 12oz

175 g / 6 oz / 3/4 taza de mantequilla o margarina, blanda

225 g / 8 oz / 2 tazas de harina leudante (levadura)

2,5ml / ½ cucharadita de sal

45 ml / 3 cucharadas de agua fría

Batir la mantequilla o margarina hasta que esté blanda. Agregue gradualmente la harina, la sal y el agua y amase hasta obtener una masa pegajosa. Cubra con film transparente (papel aluminio) y refrigere por 30 minutos. Estirar entre hojas de papel de horno ligeramente enharinado.

pastel de queso

Masa quebrada para pasteles salados o productos horneados. Por lo general, se dispara a 200 °C/400 °F/marca de gas 6.

Rinde 350g / 12oz

100 g / 4 oz / 1 taza de harina común (para todo uso)

una pizca de sal

una pizca de pimienta de cayena

50g / 2oz / ¼ taza de mantequilla o margarina

50g / 2oz / ½ taza de queso cheddar rallado

1 yema de huevo

30 ml / 2 cucharadas de agua fría

Mezcle la harina, la sal y la pimienta de cayena en un tazón, luego frote la mantequilla o la margarina hasta que la mezcla parezca pan rallado. Agregue el queso, luego mezcle la yema de huevo y suficiente agua para hacer una masa firme. Coloque sobre una superficie ligeramente enharinada y amase suavemente hasta que la mezcla esté suave. Envuélvalo en film transparente (papel aluminio) y deje que se enfríe durante 30 minutos antes de usarlo.

pasta choux

Una masa ligera (pasta) que se hincha hasta tres veces su tamaño sin cocerse durante la cocción. Ideal para tartas y pasteles de nata. Por lo general, se dispara a 200 °C/400 °F/marca de gas 6.

Rinde 350g / 12oz

50 g / 2 oz / ¼ taza de mantequilla sin sal (dulce)

150 ml / ¼ pt / 2/3 taza de leche y agua en cantidades iguales, mezcladas

75 g / 3 oz / 1/3 taza de harina común (para todo uso)

2 huevos, ligeramente batidos

Derretir la mantequilla en la leche y el agua en una cacerola a fuego lento. Llevar rápidamente a ebullición, retirar del fuego. Vierta toda la harina y bata hasta que la mezcla se despegue de las paredes de la sartén. Enfriar un poco. Agregue los huevos poco a poco, hasta que la mezcla esté suave y brillante.

Navegar

El hojaldre (pasta) se utiliza para postres delicados como los cuernos de crema. Solo debe hacerse en condiciones frescas. Por lo general, se dispara a 220 °C/425 °F/marca de gas 7.

Rinde 450 g/1 libra

225 g / 8 oz / 2 tazas de harina común (para todo uso)

2,5ml / ½ cucharadita de sal

75 g / 3 oz / 1/3 taza de manteca (manteca vegetal)

75g / 3oz / 1/3 taza de mantequilla o margarina

5 ml / 1 cucharadita de jugo de limón

100ml / 3½ fl oz / 6½ cucharadas de agua helada

Mezclar la harina y la sal en un bol. Mezcle la manteca y la mantequilla o la margarina, luego forme una hogaza y córtela en cuartos. Frote una cuarta parte de la grasa en la harina hasta que la mezcla parezca pan rallado. Agregue el jugo de limón y suficiente agua para amasar con un cuchillo de hoja redonda hasta obtener una masa suave. Cubra con film transparente (papel aluminio) y refrigere por 20 minutos.

Estirar la masa sobre una superficie ligeramente enharinada hasta que tenga un grosor de unos 5 mm. Pique el siguiente cuarto de grasa y extienda dos tercios de la masa sobre él, dejando un espacio alrededor del borde. Dobla el tercio sin mantequilla de la masa sobre la grasa, luego dobla el tercio con mantequilla sobre la parte superior. Presione alrededor de todas las costuras con los dedos para sellar. Cubra con film transparente y refrigere por 20 minutos.

Coloque la masa en la superficie con la costura a la derecha. Extienda como antes, luego espolvoree con el tercer cuarto de la manteca. Doble, selle y enfríe como antes.

Coloque la masa en la superficie con la costura hacia la izquierda. Estirar como antes, luego espolvorear el último cuarto de grasa. Doble, selle y enfríe como antes.

Estire la masa hasta que tenga un grosor de 5 mm/¼ de pulgada y dóblela nuevamente. Cubra con film transparente y refrigere por 20 minutos antes de usar.

Navegar

La masa de hojaldre (pasta) debe aumentar unas seis veces su altura cuando se cocina y se puede utilizar para todo tipo de pasteles ligeros que requieran una masa esponjosa. Por lo general, se enciende a 230 °C/450 °F/marca de gas 8.

Rinde 450 g/1 libra

225 g / 8 oz / 2 tazas de harina común (para todo uso)

5ml / 1 cucharadita de sal

225g / 8oz / 1 taza de mantequilla o margarina

2,5 ml/½ cucharadita de jugo de limón

150 ml / ¼ pt / 2/3 taza de agua helada

Mezclar la harina y la sal en un bol. Corta 50 g de mantequilla o margarina en trozos, luego frótalos con harina hasta obtener una mezcla similar al pan rallado. Agregue el jugo de limón y el agua y mezcle con un cuchillo de hoja redonda hasta que quede suave. Voltee la masa sobre una superficie ligeramente enharinada y amase suavemente hasta que quede suave. Forme una bola y corte una cruz profunda en el centro, cortando aproximadamente las tres cuartas partes de la masa (pasta). Abra las solapas y extienda la masa para que el centro sea más grueso que los bordes. Coloque el resto de la mantequilla o margarina en el centro de la masa, doblando las solapas para cubrirla y sellando los bordes. Estirar la masa en un rectángulo de 40 x 20 cm / 16 x 8 pulgadas, teniendo cuidado de no derramar la mantequilla. Dobla el tercio inferior de la masa hacia el centro, luego dobla el tercio superior sobre la parte superior. Presione los bordes para sellar, luego dé un cuarto de vuelta a la masa. Cubra con film transparente (papel aluminio) y refrigere por 20 minutos. Repite enrollar, doblar y enfriar 6 veces en total. Cubra con film transparente y refrigere por 30 minutos antes de usar.

hojaldre crudo

Más fácil de hacer que el hojaldre (pasta), de textura ligera, se sirve mejor caliente que frío. Por lo general, se dispara a 220 °C/425 °F/marca de gas 7.

Rinde 450 g/1 libra

225 g / 8 oz / 2 tazas de harina común (para todo uso)

5ml / 1 cucharadita de sal

175 g / 6 oz / 3/4 taza de mantequilla o margarina, fría y en cubos

5 ml / 1 cucharadita de jugo de limón

150 ml / ¼ pt / 2/3 taza de agua helada

Mezcla todos los ingredientes con un cuchillo de hoja redonda hasta formar una masa suave. Gire sobre una superficie ligeramente enharinada y extiéndalo con cuidado en un rectángulo de 30 x 10 cm / 12 x 4 de unos 2 cm / ¾ de grosor. Dobla el tercio inferior de la masa hacia el centro, luego el tercio superior hacia abajo. Voltee la masa para que la costura quede a la izquierda y selle los bordes con la punta de los dedos. Estirar en un rectángulo un poco más grande, de aproximadamente 1/2 cm de espesor. Dobla en tres por igual, sella los bordes y gira la masa un cuarto. Cubra con film transparente (papel aluminio) y refrigere por 20 minutos. Repite enrollando, doblando y girando un total de cuatro veces, enfriando cada dos vueltas.

paté sucre

Una masa fina y dulce (pasta) con una textura fundente, ideal para tartas (pasteles). Por lo general, se dispara a ciegas a 180 °C/350 °F/marca de gas 4.

Rinde 350g / 12oz

100 g / 4 oz / 1 taza de harina común (para todo uso)

una pizca de sal

50g / 2oz / ¼ taza de mantequilla o margarina, blanda

50 g / 2 oz / ¼ taza de azúcar glas (superfina)

2 yemas de huevo

Tamizar la harina y la sal sobre una superficie de trabajo fría y hacer un agujero en el centro. Colocar la mantequilla o margarina, el azúcar y las yemas de huevo en el centro y trabajar juntos, incorporando poco a poco la harina con las yemas de los dedos hasta tener una masa tersa y tersa. Cubra con film transparente (papel aluminio) y refrigere por 30 minutos antes de usar.

Sándwiches de crema

son las 16

50 g / 2 oz / ¼ taza de mantequilla sin sal (dulce)

150 ml / ¼ pt / 2/3 taza de leche y agua en cantidades iguales, mezcladas

75 g / 3 oz / 1/3 taza de harina común (para todo uso)

2 huevos batidos

150 ml / ¼ pt / 2/3 taza de crema doble (pesada)

Azúcar glas (pastelería), tamizada, para espolvorear

Derretir la mantequilla con la leche y el agua en una cacerola, luego llevar a ebullición. Retire del fuego, vierta toda la harina y bata hasta que la mezcla se despegue de las paredes de la sartén. Poco a poco agregue los huevos poco a poco hasta que se mezclen. Vierta o saque la masa en un molde (para galletas) humedecido y hornee en un horno precalentado a 200 °C/400 °F/nivel de gas 6 durante 20 minutos, según el tamaño, hasta que se doren. Corte el costado de cada pastel para permitir que escape el vapor, luego déjelo enfriar sobre una rejilla. Batir la nata hasta que esté firme, luego verterla en el centro de las bolitas de nata. Servir espolvoreado con azúcar glass.

molinos de viento de manzana

hacer 6

225g / 8oz hojaldre

1 manzana grande para comer (postre)

15 ml / 1 cucharada de jugo de limón

30 ml / 2 cucharadas de mermelada de albaricoque (en conserva), tamizada (vertida)

15ml / 1 cucharada de agua

Estirar la masa y cortarla en cuadrados de 13 cm. Haga cuatro cortes de 5 cm/2 pulgadas en las líneas diagonales de los cuadrados de masa desde el borde hacia el centro. Moje el centro de los cuadrados y presione un punto de cada esquina hacia el centro para crear un molino de viento. Pelar, descorazonar y cortar en rodajas finas la manzana y añadir el jugo de limón. Coloque las rebanadas de manzana en el centro de los molinos de viento y hornee en un horno precalentado a 220 °C/425 °F/nivel de gas 7 durante 10 minutos hasta que estén hinchadas y doradas. Caliente la mermelada con el agua hasta que se mezcle bien, luego extienda las manzanas y el glaseado encima. Dejar enfriar.

cuernos de crema

hace 10

450 g / 1 lb de hojaldre o hojaldre

1 yema de huevo

15 ml / 1 cucharada de leche

300 ml / ½ pt / 1¼ tazas de crema doble (pesada)

50 g de azúcar glas (de repostería), tamizada, y un poco más para espolvorear

Estirar la masa en un rectángulo de 50 x 30 cm / 20 x 12 pulgadas, recortar los bordes y luego cortar a lo largo en tiras de 2,5 cm / 1 pulgada. Mezclar la yema con la leche y pincelar con cuidado la masa con la mezcla, cuidando que no se pegue ningún huevo en el fondo de la masa o en los moldes. Envuelva cada tira alrededor de un molde de cuerno de metal, superponiendo los bordes de las tiras de masa. Pintar de nuevo con yema de huevo y leche y poner boca abajo en una fuente (para las galletas). Hornee en un horno precalentado a 200°C/400°F/gas marca 6 durante 15 minutos hasta que estén doradas. Deje enfriar durante 3 minutos, luego retire los moldes de la masa mientras aún está caliente. Dejar enfriar. Batir la nata con el azúcar glas hasta que esté firme, luego verter en los cuernos de nata.

feuilleté

hacer 6

225g / 8oz hojaldre

100 g de frambuesas

120 ml / 4 fl oz / ½ taza de crema doble (pesada)

60 ml / 4 cucharadas de azúcar glas (dulce)

unas gotas de agua

Unas gotas de colorante rojo.

Estirar la masa a un grosor de 5 mm / ¼ sobre una superficie ligeramente enharinada y disponer los bordes en un rectángulo. Coloque en una bandeja para hornear sin engrasar (galletas) y hornee en un horno precalentado a 220 °C/425 °F/nivel de gas 7 durante 10 minutos hasta que suba y se dore. Dejar enfriar.

Cortar la masa horizontalmente en dos capas. Lavar, escurrir y secar bien la fruta. Batir la nata a punto de nieve. Extienda sobre la capa inferior de masa, cubra con fruta, luego coloque la capa superior de masa encima. Ponga el azúcar glas en un bol y agregue poco a poco suficiente agua para hacer un glaseado espeso. Extienda la mayor parte del glaseado sobre la parte superior del pastel. Colorea el resto del glaseado con un poco de colorante para alimentos, y agrega un poco más de azúcar glasé si se vuelve demasiado líquido. Aplica o rocía líneas sobre el glaseado blanco, luego pasa un palillo a través de las líneas para crear un efecto degradado. Servir inmediatamente.

empanadas rellenas de ricota

son las 16

350 g / 12 oz de hojaldre

1 clara de huevo

10 ml / 2 cucharaditas de azúcar glas (superfina)

Para el relleno:
150ml / ¼ pt / 2/3 taza doble (pesada) o crema batida

100 g / 4 oz / ½ taza de requesón

30 ml / 2 cucharadas de azúcar glas (superfino)

45 ml / 3 cucharadas de ralladura mixta picada

Azúcar glas (para repostería) para espolvorear

Extienda la masa (pasta) finamente sobre una superficie ligeramente enharinada y córtela en cuatro círculos de 18 cm/7". Corte cada círculo en cuartos, colóquelos en una bandeja para hornear (galletas) ligeramente engrasada y refrigere por 30 minutos.

Bate la clara de huevo hasta que quede esponjosa, luego agrega el azúcar. Cepille la masa y hornee en el horno precalentado durante 10 minutos hasta que se levante y se dore. Pasar a una rejilla y cortar en triángulos para colocar el relleno con una cuchara. Dejar enfriar.

Para hacer el relleno, batir la nata a punto de nieve. Suavizar la ricota en un bol, luego añadir la nata, el azúcar y la fruta. Cuchara o cuchara el relleno en los pasteles y servir inmediatamente, espolvoreado con azúcar en polvo.

Pastel De Navidad De Piña

Hace un pastel de 23 cm / 9 pulgadas

50g / 2oz / ¼ taza de mantequilla o margarina

100 g / 4 oz / ½ taza de azúcar glas (superfina)

1 huevo, ligeramente batido

150g / 5oz / 1¼ tazas de harina leudante (levadura)

una pizca de sal

120ml / 4 fl oz / ½ taza de leche

Para el condimento:

4 onzas/100 g de piña fresca o enlatada, rallada gruesa

1 manzana para comer (de postre), pelada, sin corazón y rallada gruesa

120ml / 4 fl oz / ½ taza de jugo de naranja

15 ml / 1 cucharada de jugo de limón

100 g / 4 oz / ½ taza de azúcar glas (superfina)

5 ml / 1 cucharadita de canela molida

Derrita la mantequilla o la margarina, luego agregue el azúcar y el huevo hasta que esté espumoso. Agregue la harina y la sal alternando con la leche para hacer una masa. Vierta en un molde para pastel (lata) de 23 cm/9" engrasado y forrado y hornee en un horno precalentado a 180 °C/350 °F/nivel de gas 4 durante 25 minutos hasta que esté dorado y elástico.

Lleve a ebullición todos los ingredientes de la cobertura, luego cocine a fuego lento durante 10 minutos. Vierta sobre la galleta caliente y ase (parrilla) hasta que la piña comience a dorarse. Dejar enfriar antes de servir tibio o frío.

piña al revés

Hace un pastel de 20 cm / 8 pulgadas

175 g / 6 oz / 3/4 taza de mantequilla o margarina, blanda

175 g / 6 oz / 3/4 taza de azúcar morena blanda

400g / 14oz / 1 lata grande de rodajas de piña, escurridas y reservando el jugo

4 cerezas glaseadas (confitadas), partidas a la mitad

2 huevos

100 g / 4 oz / 1 taza de harina leudante

Bate 75 g / 3 oz / 1/3 taza de mantequilla o margarina con 75 g / 3 oz / 1/3 taza de azúcar hasta que esté suave y esponjoso y espárcelo en el fondo de un molde para pastel engrasado de 20 cm / 8 pulgadas (molde). Coloque las rodajas de piña encima y espolvoree con las cerezas, con el lado redondeado hacia abajo. Batir el resto de la mantequilla o margarina y el azúcar, luego batir gradualmente los huevos. Agregue la harina y 30 ml/2 cucharadas del jugo de piña reservado. Vierta sobre la piña y hornee en un horno precalentado a 180 °C/350 °F/marca de gas 4 durante 45 minutos hasta que esté firme al tacto. Deje que se enfríe en la sartén durante 5 minutos, luego retírelo con cuidado de la sartén e inviértalo sobre una rejilla para enfriar.

Tarta de piña y nueces

Hace un pastel de 23 cm / 9 pulgadas

225 g / 8 oz / 1 taza de mantequilla o margarina, blanda

225 g / 8 oz / 1 taza de azúcar glas (superfina)

5 huevos

350 g / 12 oz / 3 tazas de harina común (para todo uso)

100 g / 4 oz / 1 taza de nueces, picadas en trozos grandes

100 g / 4 oz / 2/3 taza de piña glaseada (confitada), picada

un poco de leche

Crema de mantequilla o margarina y azúcar hasta que esté suave y esponjosa. Bata los huevos poco a poco, luego agregue la harina, las nueces y la piña, agregando la leche suficiente para obtener una consistencia ligera. Coloque en un molde para pastel de 23 cm engrasado y forrado (bandeja para muffins) y hornee en un horno precalentado a 150 ° C / 300 ° F / marca de gas 2 durante 1 1/2 horas hasta que un palillo insertado en el centro salga limpio.

pastel de frambuesa

Hace un pastel de 20 cm / 8 pulgadas

100 g / 4 oz / ½ taza de mantequilla o margarina, blanda

200g / 7oz / 1 taza escasa de azúcar glas (superfina).

2 huevos, ligeramente batidos

250 ml / 8 fl oz / 1 taza de crema agria (ácido lácteo)

5 ml / 1 cucharadita de esencia de vainilla (extracto)

250 g / 9 oz / 2¼ tazas de harina común (para todo uso)

5 ml / 1 cucharadita de levadura en polvo

5 ml / 1 cucharadita de bicarbonato de sodio (bicarbonato de sodio)

5 ml / 1 cucharadita de cacao en polvo (chocolate sin azúcar)

2,5ml / ½ cucharadita de sal

4 oz/100 g de frambuesas frescas o congeladas, descongeladas

Para el condimento:
30 ml / 2 cucharadas de azúcar glas (superfino)

5 ml / 1 cucharadita de canela molida

Crema de mantequilla o margarina y azúcar. Poco a poco agregue los huevos, luego la crema agria y la esencia de vainilla. Agregue la harina, el polvo de hornear, el bicarbonato de sodio, el cacao y la sal. Añade las frambuesas. Vierta en un molde para pastel de 20 cm engrasado (sartén). Mezcle el azúcar y la canela y espolvoree sobre el pastel. Hornear en horno precalentado a 200°C / 400°F / gas marca 4 durante 35 minutos hasta que estén dorados y al pinchar con un palillo en el centro salga limpio. Espolvorear con azúcar mezclada con canela.

Pastel de ruibarbo

Hace un pastel de 20 cm / 8 pulgadas

225 g / 8 oz / 2 tazas de harina de trigo integral (integral)

10 ml / 2 cucharaditas de polvo de hornear

10 ml / 2 cucharaditas de canela molida

45ml / 3 cucharadas de miel clara

175 g / 6 oz / 1 taza de sultanas (pasas doradas)

2 huevos

150 ml / ¼ pt / 2/3 taza de leche

225 g/8 oz de ruibarbo picado

30 ml / 2 cucharadas de azúcar demerara

Licuar todos los ingredientes excepto el ruibarbo y el azúcar. Agregue el ruibarbo y la cuchara en un molde para pastel de 20 cm enmantecado y enharinado. Espolvorear con azúcar. Hornee en un horno precalentado a 180°C/350°F/gas marca 4 durante 45 minutos hasta que cuaje. Dejar enfriar en el molde durante 10 minutos antes de desmoldar.

pastel de ruibarbo y miel

Rinde dos pasteles de 450 g / 1 lb.

250g / 9oz / 2/3 taza de miel clara

120ml / 4 fl oz / ½ taza de aceite

1 huevo, ligeramente batido

15 ml / 1 cucharada de bicarbonato de sodio (bicarbonato de sodio)

150 ml / ¼ pt / 2/3 taza de yogur natural

75 ml / 5 cucharadas de agua

350 g / 12 oz / 3 tazas de harina común (para todo uso)

10 ml / 2 cucharaditas de sal

350 g de ruibarbo, finamente picado

5 ml / 1 cucharadita de esencia de vainilla (extracto)

50 g / 2 oz / ½ taza de nueces mixtas picadas

Para el condimento:

75 g / 3 oz / 1/3 taza de azúcar morena suave

5 ml / 1 cucharadita de canela molida

15 ml/1 cucharada de mantequilla o margarina, derretida

Mezcla la miel y el aceite, luego bate el huevo. Mezcla el bicarbonato de sodio con el yogur y el agua hasta que se disuelva. Mezclar la harina y la sal y añadirlas a la mezcla de miel alternando con el yogur. Agrega el ruibarbo, la esencia de vainilla y las nueces. Vierta en dos moldes para muffins de 450 g / 1 lb engrasados y forrados. Mezclar los ingredientes para la cobertura y espolvorear sobre los pasteles. Hornee en un horno precalentado a 160°C/325°F/nivel de gas 3 durante 1 hora hasta que esté firme al tacto y dorado por encima. Deje enfriar en las bandejas durante 10 minutos, luego coloque sobre una rejilla para completar el enfriamiento.

pastel de remolacha

Hace un pastel de 20 cm / 8 pulgadas

250 g / 9 oz / 1¼ tazas de harina común (para todo uso)

15 ml / 1 cucharada de polvo de hornear

5 ml / 1 cucharadita de canela molida

una pizca de sal

150ml / 8 fl oz / 1 taza de aceite

300g / 11oz / 11/3 tazas de azúcar glas (superfina).

3 huevos, separados

150 g de remolacha cruda, pelada y rallada gruesa

150 g de zanahorias, ralladas gruesas

100 g / 4 oz / 1 taza de nueces mixtas picadas

Mezclar la harina, el polvo de hornear, la canela y la sal. Batir el aceite y el azúcar. Batir las yemas de huevo, la remolacha, las zanahorias y las nueces. Batir las claras de huevo a punto de nieve, luego incorporarlas a la mezcla con una cuchara de metal. Vierta la mezcla en un molde para pastel (lata) de 20 cm/8" engrasado y forrado y hornee en un horno precalentado a 180 °C/350 °F/nivel de gas 4 durante 1 hora hasta que esté elástico al tacto.

Pastel de plátano y zanahoria

Hace un pastel de 20 cm / 8 pulgadas

175 g de zanahorias ralladas

2 plátanos, machacados

75 g / 3 oz / ½ taza de sultanas (pasas doradas)

50 g / 2 oz / ½ taza de nueces mixtas picadas

175 g / 6 oz / 1½ taza de harina leudante

5 ml / 1 cucharadita de levadura en polvo

5 ml / 1 cucharadita de especias molidas mixtas (pastel de manzana)

Zumo y ralladura de 1 naranja

2 huevos batidos

75 g / 3 oz / 1/2 taza de azúcar moreno claro

100 ml / 31/2 fl oz / escasa 1/2 taza de aceite de girasol

Mezclar todos los ingredientes hasta que estén bien combinados. Colocar en un molde para pastel de 20 cm/8 cm engrasado y forrado y hornear en un horno precalentado a 180 °C/350 °F/nivel de gas 4 durante 1 hora hasta que al insertar un palillo en el centro, éste salga limpio.

Tarta de manzana y zanahoria

Hace un pastel de 23 cm / 9 pulgadas

250 g / 9 oz / 2¼ tazas de harina leudante (levadura)

5 ml / 1 cucharadita de bicarbonato de sodio (bicarbonato de sodio)

5 ml / 1 cucharadita de canela molida

175 g / 6 oz / 3/4 taza de azúcar morena blanda

Ralladura finamente rallada de 1 naranja

3 huevos

200 ml / 7 fl oz / 1 taza escasa de aceite

150 g / 5 oz de manzanas para comer (postre), peladas, sin corazón y ralladas

150 g de zanahorias ralladas

100 g / 4 oz / 2/3 taza de albaricoques secos listos para comer, picados

100 g / 4 oz / 1 taza de pecanas o nueces picadas

Mezcle la harina, el bicarbonato de sodio y la canela, luego agregue el azúcar y la ralladura de naranja. Bate los huevos en el aceite, luego agrega la manzana, las zanahorias y dos tercios de los albaricoques y las nueces. Agregue la mezcla de harina y vierta en un molde para pastel de 9 pulgadas engrasado y forrado. Espolvorea con los albaricoques restantes y las nueces picadas. Hornee en un horno precalentado a 180°C/350°F/nivel de gas 4 durante 30 minutos hasta que esté elástico al tacto. Deje que se enfríe un poco en el molde, luego colóquelo sobre una rejilla para que se enfríe por completo.

Tarta de zanahoria y canela

Hace un pastel de 20 cm / 8 pulgadas

100 g / 4 oz / 1 taza de harina de trigo integral (integral)

100 g / 4 oz / 1 taza de harina común (para todo uso)

15 ml / 1 cucharada de canela molida

5 ml / 1 cucharadita de nuez moscada rallada

10 ml / 2 cucharaditas de polvo de hornear

100g / 4oz / ½ taza de mantequilla o margarina

100g / 4oz / 1/3 taza de miel clara

100 g / 4 oz / ½ taza de azúcar morena blanda

225 g de zanahorias ralladas

Mezclar las harinas, la canela, la nuez moscada y el polvo de hornear en un bol. Derrita la mantequilla o margarina con la miel y el azúcar, luego mezcle con la harina. Agregue las zanahorias y mezcle bien. Colocar en un molde para pastel de 20 cm / 8 cm engrasado y forrado y hornear en un horno precalentado a 160 ° C / 325 ° F / marca de gas 3 durante 1 hora hasta que un palillo insertado en el centro salga limpio. Dejar enfriar en el molde durante 10 minutos, luego colocar sobre una rejilla para que se enfríe por completo.

Pastel de zanahoria y calabacín

Hace un pastel de 23 cm / 9 pulgadas

2 huevos

175 g / 6 oz / 3/4 taza de azúcar morena blanda

100 g de zanahorias ralladas

50 g de calabacín (zucchini), rallado

75 ml / 5 cucharadas de aceite

225 g / 8 oz / 2 tazas de harina leudante (levadura)

2,5 ml / ½ cucharadita de levadura en polvo

5 ml / 1 cucharadita de especias molidas mixtas (pastel de manzana)

Crema de queso glaseado

Mezclar los huevos, el azúcar, las zanahorias, los calabacines y el aceite. Agregue la harina, el polvo de hornear y la mezcla de especias y mezcle hasta que quede suave. Colocar en un molde (lata) para pastel de 23 cm engrasado y forrado y hornear en un horno precalentado a 180 °C / 350 °F / marca de gas 4 durante 30 minutos hasta que al insertar un palillo en el centro, éste salga limpio. . Dejar enfriar y untar con el betún de queso crema.

bizcocho de zanahoria y jengibre

Hace un pastel de 20 cm / 8 pulgadas

175 g / 6 oz / 2/3 taza de mantequilla o margarina

100 g / 4 oz / 1/3 taza de jarabe dorado (maíz claro)

120ml / 4 fl oz / ½ taza de agua

100 g / 4 oz / ½ taza de azúcar morena blanda

150 g de zanahorias, ralladas gruesas

5 ml / 1 cucharadita de bicarbonato de sodio (bicarbonato de sodio)

200 g / 7 oz / 1¾ taza de harina común (para todo uso)

100 g / 4 oz / 1 taza de harina leudante

5 ml / 1 cucharadita de jengibre molido

una pizca de sal

Para el glaseado (glaseado):

175 g / 6 oz / 1 taza de azúcar glas (de repostería), tamizada

5 ml / 1 cucharadita de mantequilla o margarina, suavizada

30 ml / 2 cucharadas de jugo de limón

Derretir la mantequilla o margarina con el almíbar, el agua y el azúcar, llevar a ebullición. Retire del fuego y agregue las zanahorias y el bicarbonato de sodio. Dejar enfriar. Mezcle las harinas, el jengibre y la sal, coloque una cucharada en un molde para pastel de 20 cm engrasado y hornee en un horno precalentado a 180 ° C / 350 ° F / marca de gas 4 durante 45 minutos hasta que la corteza esté bien levantada y elástica. Apagar y dejar enfriar.

Mezcla el azúcar glas con la mantequilla o margarina y suficiente jugo de limón para hacer un glaseado para untar. Corta el pastel por la mitad horizontalmente, luego usa la mitad del glaseado para envolver el pastel y unta el resto encima.

Tarta de zanahoria y nueces

Hace un pastel de 18 cm / 7 pulgadas

2 huevos grandes, separados

150g / 5oz / 2/3 taza de azúcar glas (superfina).

225 g de zanahorias ralladas

150 g / 5 oz / 1¼ tazas de nueces mixtas picadas

10 ml / 2 cucharaditas de ralladura de limón

50 g / 2 oz / ½ taza de harina común (para todo uso)

2,5 ml / ½ cucharadita de levadura en polvo

Bate las yemas de huevo y el azúcar hasta obtener una mezcla espesa y cremosa. Agregue las zanahorias, las nueces y la ralladura de limón, luego agregue la harina y el polvo de hornear. Bate las claras de huevo hasta que se formen picos suaves, luego incorpóralas a la mezcla. Conviértalo en un molde para pastel cuadrado de 19 cm/7 pulgadas engrasado. Hornee en un horno precalentado a 180°C/350°F/marca de gas 4 durante 40-45 minutos hasta que un palillo insertado en el centro salga limpio.

Bizcocho de zanahoria, naranjas y nueces

Hace un pastel de 20 cm / 8 pulgadas

100 g / 4 oz / ½ taza de mantequilla o margarina, blanda

100 g / 4 oz / ½ taza de azúcar morena blanda

5 ml / 1 cucharadita de canela molida

5 ml / 1 cucharadita de piel de naranja rallada

2 huevos, ligeramente batidos

15 ml / 1 cucharada de jugo de naranja

100 g de zanahorias, finamente ralladas

50 g / 2 oz / ½ taza de nueces mixtas picadas

225 g / 8 oz / 2 tazas de harina leudante (levadura)

5 ml / 1 cucharadita de levadura en polvo

Bate la mantequilla o margarina, el azúcar, la canela y la ralladura de naranja hasta que quede suave y esponjosa. Poco a poco agregue los huevos y el jugo de naranja, luego agregue las zanahorias, las nueces, la harina y el polvo de hornear. Vierta en un molde para pastel (lata) de 20 cm/8" engrasado y forrado y hornee en un horno precalentado a 180 °C/350 °F/nivel de gas 4 durante 45 minutos hasta que esté elástico al tacto.

Tarta de zanahoria, piña y coco

Hace un pastel de 25 cm / 10 pulgadas

3 huevos

350 g / 12 oz / 1½ taza de azúcar en polvo (superfina)

300 ml / ½ pt / 1¼ tazas de aceite

5 ml / 1 cucharadita de esencia de vainilla (extracto)

225 g / 8 oz / 2 tazas de harina común (para todo uso)

5 ml / 1 cucharadita de bicarbonato de sodio (bicarbonato de sodio)

10 ml / 2 cucharaditas de canela molida

5ml / 1 cucharadita de sal

225 g de zanahorias ralladas

100 g de piña enlatada, escurrida y troceada

100 g / 4 oz / 1 taza de coco deshidratado (picado)

100 g / 4 oz / 1 taza de nueces mixtas picadas

Azúcar glas (pastelería), tamizada, para espolvorear

Batir los huevos, el azúcar, el aceite y la esencia de vainilla. Mezcle la harina, el bicarbonato de sodio, la canela y la sal e incorpore gradualmente a la mezcla. Agregue las zanahorias, la piña, el coco y las nueces. Coloque en un molde para pasteles de 25 cm/10" engrasado y enharinado y hornee en un horno precalentado a 160 °C/325 °F/nivel de gas 3 durante 1¼ horas hasta que al insertar un palillo en el centro, éste salga limpio. Deje enfriar en el molde. durante 10 minutos antes de transferir a una rejilla para completar el enfriamiento Espolvoree con azúcar glas antes de servir.

Tarta de zanahoria y pistacho

Hace un pastel de 23 cm / 9 pulgadas

100 g / 4 oz / ½ taza de mantequilla o margarina, blanda

100 g / 4 oz / ½ taza de azúcar glas (superfina)

2 huevos

225 g / 8 oz / 2 tazas de harina común (para todo uso)

5 ml / 1 cucharadita de bicarbonato de sodio (bicarbonato de sodio)

5 ml / 1 cucharadita de cardamomo molido

225 g de zanahorias ralladas

50g / 2oz / ½ taza de pistachos picados

50 g / 2 oz / ½ taza de almendras molidas

100 g / 4 oz / 2/3 taza de sultanas (pasas doradas)

Crema de mantequilla o margarina y azúcar hasta que esté suave y esponjosa. Poco a poco agregue los huevos, batiendo bien después de cada adición, luego agregue la harina, el bicarbonato de sodio y el cardamomo. Agregue las zanahorias, las nueces, las almendras molidas y las pasas. Vierta la mezcla en un molde para pastel (lata) de 23 cm/9" engrasado y forrado y hornee en un horno precalentado a 180 °C/350 °F/nivel de gas 4 durante 40 minutos hasta que esté bien cocido, dorado y elástico.

Tarta de zanahoria y nueces

Hace un pastel de 23 cm / 9 pulgadas

200 ml / 7 fl oz / 1 taza escasa de aceite

4 huevos

225g / 8oz / 2/3 taza de miel clara

225 g / 8 oz / 2 tazas de harina de trigo integral (integral)

10 ml / 2 cucharaditas de polvo de hornear

2.5ml / ½ cucharadita de bicarbonato de sodio (bicarbonato de sodio)

una pizca de sal

5 ml / 1 cucharadita de esencia de vainilla (extracto)

175 g de zanahorias ralladas gruesas

175g / 6oz / 1 taza de pasas

100 g / 4 oz / 1 taza de nueces, finamente picadas

Licúa el aceite, los huevos y la miel. Agregue gradualmente todos los ingredientes restantes y bata hasta que estén bien mezclados. Colocar en un molde (lata) para pastel engrasado y enharinado y hornear en horno precalentado a 180°C / 350°F / gas marca 4 por 1 hora hasta que al insertar un palillo en el centro, éste salga limpio.

Pastel de zanahoria especiado

Hace un pastel de 18 cm / 7 pulgadas

175g / 6oz / 1 taza de dátiles

120ml / 4 fl oz / ½ taza de agua

175 g / 6 oz / 3/4 taza de mantequilla o margarina, blanda

2 huevos, ligeramente batidos

225 g / 8 oz / 2 tazas de harina leudante (levadura)

175 g de zanahorias, finamente ralladas

25 g / 1 oz / ¼ taza de almendras molidas

ralladura de 1 naranja

2,5 ml / 1/2 cucharadita de especias molidas mixtas (pastel de manzana)

2,5ml / ½ cucharadita de canela molida

2,5 ml / ½ cucharadita de jengibre molido

        Para el glaseado (glaseado):

350 g / 12 oz / 1½ taza de queso quark

25 g / 1 oz / 2 cucharadas de mantequilla o margarina, blanda

ralladura de 1 naranja

Coloque los dátiles y el agua en una cacerola pequeña, hierva y cocine a fuego lento durante 10 minutos hasta que se ablanden. Retire y deseche los huesos (huesos), luego pique finamente los dátiles. Mezcle los dátiles y el líquido, la mantequilla o margarina y los huevos hasta que quede cremoso. Agregue todos los demás ingredientes de la torta. Vierta la mezcla en un molde para pastel de 18 cm engrasado y forrado (bandeja para muffins) y hornee en un horno precalentado a 180 ° C / 350 ° F / marca de gas 4 durante 1 hora hasta que al insertar un palillo en el centro, éste salga limpio. Deje que se enfríe en el molde durante 10 minutos antes de transferirlo a una rejilla para que se enfríe por completo.

Para hacer el glaseado, bate todos los ingredientes hasta que estén suaves, y agrega un poco más de jugo de naranja o agua si es necesario. Cortar el bizcocho por la mitad horizontalmente, cubrir las capas con la mitad del glaseado y esparcir el resto por encima.

Tarta de zanahoria y azúcar moreno

Hace un pastel de 18 cm / 7 pulgadas

5 huevos, separados

200g / 7oz / 1 taza escasa de azúcar morena suave

15 ml / 1 cucharada de jugo de limón

300 g de zanahorias ralladas

225g / 8oz / 2 tazas de almendras molidas

25 g / 1 oz / ¼ taza de harina de trigo integral (integral)

5 ml / 1 cucharadita de canela molida

25 g / 1 oz / 2 cucharadas de mantequilla o margarina, derretida

25 g / 1 oz / 2 cucharadas de azúcar glas (superfina)

30 ml / 2 cucharadas de crema única (ligera)

75 g / 3 oz / 3/4 taza de nueces mixtas picadas

Bate las yemas hasta que quede esponjoso, bate el azúcar hasta que quede suave, luego agrega el jugo de limón. Agregue un tercio de las zanahorias, luego un tercio de las almendras y continúe de esta manera hasta que todo esté mezclado. Agregue la harina y la canela. Batir las claras de huevo a punto de nieve, luego incorporarlas a la mezcla con una cuchara de metal. Conviértalo en un molde para pasteles de 18 cm/7 de profundidad, enmantequillado y forrado, y hornee en un horno precalentado a 180 °C/350 °F/nivel de gas 4 durante 1 hora. Cubre el pastel con papel vegetal y reduce la temperatura del horno a 160 °C/325 °F/nivel de gas 3 durante 15 minutos más o hasta que el pastel se encoja ligeramente de los lados del molde y el centro aún esté húmedo. .

Combine la mantequilla o margarina derretida, el azúcar, la crema y las nueces, vierta sobre el pastel y cocine en una parrilla mediana hasta que se dore.

Pastel de calabacín y calabaza

Hace un pastel de 20 cm / 8 pulgadas

225 g / 8 oz / 1 taza de azúcar glas (superfina)

2 huevos batidos

120ml / 4 fl oz / ½ taza de aceite

100 g / 4 oz / 1 taza de harina común (para todo uso)

5 ml / 1 cucharadita de levadura en polvo

2.5ml / ½ cucharadita de bicarbonato de sodio (bicarbonato de sodio)

2,5ml / ½ cucharadita de sal

100 g de calabacín (zucchini), rallado

100 g / 4 oz de piña picada

50 g / 2 oz / ½ taza de nueces picadas

5 ml / 1 cucharadita de esencia de vainilla (extracto)

Batir el azúcar y los huevos hasta que estén pálidos y bien mezclados. Batir el aceite y luego los ingredientes secos. Añadir los calabacines, la piña, las nueces y la esencia de vainilla. Colocar en un molde (lata) para pastel engrasado y enharinado y hornear en horno precalentado a 180°C / 350°F / gas marca 4 por 1 hora hasta que al insertar un palillo en el centro, éste salga limpio. Deje que se enfríe en el molde durante 30 minutos antes de transferirlo a una rejilla para que se enfríe por completo.

Bizcocho de calabacín y naranja

Hace un pastel de 25 cm / 10 pulgadas

225 g / 8 oz / 1 taza de mantequilla o margarina, blanda

450 g / 1 lb / 2 tazas de azúcar morena suave

4 huevos, ligeramente batidos

275 g / 10 oz / 2½ tazas de harina común (para todo uso)

15 ml / 1 cucharada de polvo de hornear

2,5ml / ½ cucharadita de sal

5 ml / 1 cucharadita de canela molida

2,5 ml / ½ cucharadita de nuez moscada rallada

Una pizca de clavo molido

Ralladura rallada y jugo de 1 naranja

225 g / 8 oz / 2 tazas de calabacín (zucchini), rallado

Crema de mantequilla o margarina y azúcar hasta que esté suave y esponjosa. Poco a poco batir los huevos, luego agregar la harina, el polvo de hornear, la sal y las especias, alternándolos con la ralladura de naranja y el jugo. Añadir los calabacines. Vierta en un molde para pastel (lata) de 25 cm/10" engrasado y forrado y hornee en un horno precalentado a 180 °C/350 °F/nivel de gas 4 durante 1 hora hasta que esté dorado y elástico al tacto. Si la parte superior comienza a dore demasiado hacia el final de la cocción, cúbralo con papel encerado (grasa).

Pastel de calabacín especiado

Hace un pastel de 25 cm / 10 pulgadas

350 g / 12 oz / 3 tazas de harina común (para todo uso)

10 ml / 2 cucharaditas de polvo de hornear

7,5 ml / 1½ cucharadita de canela molida

5 ml / 1 cucharadita de bicarbonato de sodio (bicarbonato de sodio)

2,5ml / ½ cucharadita de sal

8 claras de huevo

450 g / 1 lb / 2 tazas de azúcar glas (superfina)

100 g / 4 oz / 1 taza de compota de manzana (salsa)

120 ml / 4 fl oz / ½ taza de suero de leche

15 ml / 1 cucharada de esencia de vainilla (extracto)

5 ml / 1 cucharadita de cáscara de naranja finamente rallada

350 g / 12 oz / 3 tazas de calabacín (zucchini), rallado

75 g / 3 oz / ¾ taza de nueces picadas

Para el condimento:

100 g / 4 oz / ½ taza de queso crema

25 g / 1 oz / 2 cucharadas de mantequilla o margarina, blanda

5 ml / 1 cucharadita de cáscara de naranja finamente rallada

10 ml / 2 cucharaditas de jugo de naranja

350 g / 12 oz / 2 tazas de azúcar glas, tamizada

Mezcla los ingredientes secos. Batir las claras de huevo hasta que se formen picos suaves. Agregue lentamente el azúcar, luego la compota de manzana, el suero de leche, la esencia de vainilla y la ralladura de naranja. Agregue la mezcla de harina, luego el calabacín y las nueces. Coloque en un molde para pasteles de 25 cm/10" engrasado y enharinado y hornee en un horno precalentado a 150 °C/300 °F/nivel de gas 2 durante 1 hora hasta que al insertar un palillo en el centro, éste salga limpio. Deje enfriar en el molde. .

Bate todos los ingredientes de la cobertura hasta que estén suaves, agregando suficiente azúcar para lograr una consistencia untable. Extender sobre el pastel enfriado.

Pastel de calabaza

Hace un pastel de 23 x 33 cm / 9 x 13 pulgadas

450 g / 1 lb / 2 tazas de azúcar glas (superfina)

4 huevos batidos

375 ml / 13 fl oz / 1½ tazas de aceite

350 g / 12 oz / 3 tazas de harina común (para todo uso)

15 ml / 1 cucharada de polvo de hornear

10 ml / 2 cucharaditas de bicarbonato de sodio (bicarbonato de sodio)

10 ml / 2 cucharaditas de canela molida

2,5 ml / ½ cucharadita de jengibre molido

una pizca de sal

225 g / 8 oz de calabaza cocida en cubos

100 g / 4 oz / 1 taza de nueces picadas

Bate el azúcar y los huevos hasta que estén bien mezclados, luego agrega el aceite. Mezcla los ingredientes restantes. Coloque en un molde de 23 x 33 cm / 9 x 13 cm (de hojalata) engrasado y enharinado y hornee en un horno precalentado a 180 °C / 350 °F / marca de gas 4 durante 1 hora hasta que salte un palillo insertado. centro limpio.

Pastel de calabaza con frutas

Hace un pastel de 20 cm / 8 pulgadas

100 g / 4 oz / ½ taza de mantequilla o margarina, blanda

150 g / 5 oz / 2/3 taza de azúcar moreno suave

2 huevos, ligeramente batidos

225 g / 8 oz de calabaza cocida en frío

30 ml / 2 cucharadas de sirope dorado (maíz claro)

8 oz / 225 g 1/1/3 taza de nueces mixtas (mezcla para pastel de frutas)

225 g / 8 oz / 2 tazas de harina leudante (levadura)

50g / 2oz / ½ taza de salvado

Crema de mantequilla o margarina y azúcar hasta que esté suave y esponjosa. Poco a poco agregue los huevos y luego agregue el resto de los ingredientes. Colocar en un molde (lata) para pastel de 20 cm engrasado y forrado y hornear en un horno precalentado a 160°C / 325°F / gas marca 3 durante 1¼ horas hasta que al insertar un palillo en el centro, éste salga limpio.

Rollo de especias de calabaza

Hace un rollo de 30 cm / 12 pulgadas.

75 g / 3 oz / ¾ taza de harina común (para todo uso)

5 ml / 1 cucharadita de bicarbonato de sodio (bicarbonato de sodio)

5 ml / 1 cucharadita de jengibre molido

2,5 ml / ½ cucharadita de nuez moscada rallada

10 ml / 2 cucharaditas de canela molida

una pizca de sal

1 huevo

225 g / 8 oz / 1 taza de azúcar glas (superfina)

100 g de calabaza cocida, en dados

5 ml / 1 cucharadita de jugo de limón

4 claras de huevo

50 g / 2 oz / ½ taza de nueces picadas

50 g / 2 oz / 1/3 taza de azúcar glas, tamizada

Para el relleno:
175 g / 6 oz / 1 taza de azúcar glas (de repostería), tamizada

100 g / 4 oz / ½ taza de queso crema

2,5ml / ½ cucharadita de esencia de vainilla (extracto)

Mezclar la harina, el bicarbonato de sodio, las especias y la sal. Bate el huevo hasta que esté espeso y claro, luego agrega el azúcar hasta que la mezcla esté clara y cremosa. Agregue la calabaza y el jugo de limón. Agregue la mezcla de harina. En un recipiente limpio, bata las claras de huevo hasta que estén firmes. Dobla la masa de bizcocho y extiéndela en un molde para rollo suizo de 30 x 12 cm engrasado y forrado y espolvorea con las nueces. Hornee en un horno precalentado a 190°C/375°F/nivel de gas 5 durante

10 minutos hasta que esté elástico al tacto. Tamizar el azúcar glas sobre un paño de cocina limpio y dar la vuelta al pastel sobre el paño de cocina. Retire el papel de revestimiento y enrolle el pastel y la toalla, luego deje que se enfríe.

Para hacer el relleno, bate poco a poco el azúcar con el queso crema y la esencia de vainilla hasta obtener una mezcla untable. Desenrolla el bizcocho y extiende el relleno por encima. Vuelva a enrollar la tarta y déjala enfriar antes de servir espolvoreada con un poco más de azúcar glas.

pastel de ruibarbo y miel

Rinde dos pasteles de 450 g / 1 lb.

250g / 9oz / 3/4 taza de miel clara

100ml / 4 fl oz / ½ taza de aceite

1 huevo

5 ml / 1 cucharadita de bicarbonato de sodio (bicarbonato de sodio)

60 ml / 4 cucharadas de agua

350 g / 12 oz / 3 tazas de harina de trigo integral (integral)

10 ml / 2 cucharaditas de sal

350 g de ruibarbo, finamente picado

5 ml / 1 cucharadita de esencia de vainilla (extracto)

50 g / 2 oz / ½ taza de nueces mixtas picadas (opcional)

Para el condimento:

75g / 3oz / 1/3 taza de azúcar moreno

5 ml / 1 cucharadita de canela molida

15 g / ½ oz / 1 cucharada de mantequilla o margarina, blanda

Mezcla miel y aceite. Añadir el huevo y batir bien. Agregue el bicarbonato de sodio al agua y deje que se disuelva. Mezclar la harina y la sal. Agregue a la mezcla de miel alternativamente con la mezcla de bicarbonato de sodio. Agregue el ruibarbo, la esencia de vainilla y las nueces si las usa. Vierta en dos moldes (ramekins) engrasados de 450 g/1 lb. Mezcle los ingredientes de la cobertura y extiéndalos sobre la mezcla del pastel. Hornee en un horno precalentado a 180 °C/350 °F/marca de gas 4 durante 1 hora hasta que esté elástico al tacto.

pastel de camote

Hace un pastel de 23 cm / 9 pulgadas

300 g / 11 oz / 2¾ tazas de harina común (para todo uso)

15 ml / 1 cucharada de polvo de hornear

5 ml / 1 cucharadita de canela molida

5 ml / 1 cucharadita de nuez moscada rallada

una pizca de sal

350g / 12oz / 1¾ taza de azúcar glas (superfina).

375 ml / 13 fl oz / 1½ tazas de aceite

60 ml / 4 cucharadas de agua hervida

4 huevos, separados

8 oz/225 g batatas, peladas y ralladas gruesas

100 g / 4 oz / 1 taza de nueces mixtas picadas

5 ml / 1 cucharadita de esencia de vainilla (extracto)

Para el glaseado (glaseado):

225 g / 8 oz / 11/3 tazas de azúcar glas, tamizada

50g / 2oz / ¼ taza de mantequilla o margarina, blanda

250 g / 9 oz / 1 queso crema mediano en bandeja

50 g / 2 oz / ½ taza de nueces mixtas picadas

Una pizca de canela molida para espolvorear

Mezclar la harina, el polvo de hornear, la canela, la nuez moscada y la sal. Batir el azúcar y el aceite, luego agregar el agua hirviendo y batir hasta que esté bien mezclado. Agregue las yemas de huevo y la mezcla de harina y mezcle hasta que estén bien mezclados. Agregue las batatas, las nueces y la esencia de vainilla. Batir las claras de huevo a punto de nieve, luego incorporarlas a la mezcla.

Vierta en dos moldes para pasteles engrasados y enharinados y hornee en un horno precalentado a 180 ° C / 350 ° F / marca de gas 4 durante 40 minutos hasta que esté elástico al tacto. Dejar enfriar en las bandejas durante 5 minutos, luego colocar sobre una rejilla para que se enfríe por completo.

Mezcle el azúcar en polvo, la mantequilla o la margarina y la mitad del queso crema. Extienda la mitad del queso crema restante en un pastel, luego extienda el glaseado sobre el queso. Pon los pasteles juntos. Extienda el queso crema restante encima y espolvoree con las nueces y la canela antes de servir.

Tarta italiana de almendras

Hace un pastel de 20 cm / 8 pulgadas

1 huevo

150 ml / ¼ pt / 2/3 taza de leche

2,5 ml / ½ cucharadita de esencia de almendras (extracto)

45 ml / 3 cucharadas de mantequilla derretida

350 g / 12 oz / 3 tazas de harina común (para todo uso)

100 g / 4 oz / ½ taza de azúcar glas (superfina)

10 ml / 2 cucharaditas de polvo de hornear

2,5ml / ½ cucharadita de sal

1 clara de huevo

100g / 4oz / 1 taza de almendras molidas

Batir el huevo en un bol, luego agregar poco a poco la leche, la esencia de almendras y la mantequilla derretida, sin dejar de batir. Agregue la harina, el azúcar, el polvo de hornear y la sal y continúe mezclando hasta que quede suave. Verter en un molde para pastel de 20 cm/8" engrasado y forrado. Batir la clara de huevo hasta que quede esponjosa, luego esparcir generosamente sobre la parte superior del pastel y espolvorear con las almendras. Hornear en horno precalentado a 220 °C/425 °F/gas marca 7 por 25 minutos hasta que estén doradas y elásticas al tacto.

Tarta de almendras y café

Hace un pastel de 23 cm / 9 pulgadas

8 huevos, separados

175 g / 6 oz / ¾ taza de azúcar glas (superfina)

60 ml / 4 cucharadas de café negro fuerte

175g / 6oz / 1½ taza de almendras molidas

45 ml / 3 cucharadas de sémola (crema de trigo)

100 g / 4 oz / 1 taza de harina común (para todo uso)

Bate las yemas de huevo y el azúcar hasta obtener una mezcla muy espesa y cremosa. Añadir el café, la almendra molida y la sémola y batir bien. Agregue la harina. Batir las claras de huevo a punto de nieve, luego incorporarlas a la mezcla. Vierta en un molde para pasteles (lata) engrasado de 23 cm / 9 pulgadas y hornee en un horno precalentado a 180 C / 350 F / marca de gas 4 durante 45 minutos hasta que esté elástico al tacto.

Tarta de almendras y miel

Hace un pastel de 20 cm / 8 pulgadas

225 g de zanahorias ralladas

75 g / 3 oz / 3/4 taza de almendras picadas

2 huevos batidos

100ml / 4 fl oz / ½ taza de miel clara

60ml / 4 cucharadas de aceite

150 ml / ¼ pt / 2/3 taza de leche

150g / 5oz / 1¼ tazas de harina de trigo integral (integral)

10 ml / 2 cucharaditas de sal

10 ml / 2 cucharaditas de bicarbonato de sodio (bicarbonato de sodio)

15 ml / 1 cucharada de canela molida

Mezcla zanahorias y nueces. Bate los huevos con la miel, el aceite y la leche, luego agrégalos a la mezcla de zanahoria. Mezcle la harina, la sal, el bicarbonato de sodio y la canela y agréguelos a la mezcla de zanahoria. Vierta la mezcla en una fuente para hornear cuadrada de 20 cm/8 pulgadas engrasada y forrada y hornee en un horno precalentado a 150 °C/300 °F/nivel de gas 2 durante 1 3/4 horas hasta que un palillo insertado en el centro salte. . Dejar enfriar en el molde durante 10 minutos antes de desmoldar.

Bizcocho de limón y almendras

Hace un pastel de 23 cm / 9 pulgadas

25 g / 1 oz / ¼ taza de almendras en hojuelas (en rodajas)

100 g / 4 oz / ½ taza de mantequilla o margarina, blanda

100 g / 4 oz / ½ taza de azúcar morena blanda

2 huevos batidos

100 g / 4 oz / 1 taza de harina leudante

ralladura de 1 limón

                        Para el almíbar:
75 g / 3 oz / 1/3 taza de azúcar en polvo (superfina).

45-60ml / 3-4 cucharadas de jugo de limón

Untar con mantequilla y forrar un molde para tarta de 23 cm y espolvorear las almendras por la base. Batir la mantequilla y el azúcar moreno. Batir los huevos uno por uno, luego agregar la harina y la ralladura de limón. Verter en el molde preparado y nivelar la superficie. Hornee en un horno precalentado a 180°C/350°F/marca de gas 4 durante 20-25 minutos hasta que esté bien levantado y elástico al tacto.

Mientras tanto, caliente el azúcar glas y el jugo de limón en una sartén, revolviendo ocasionalmente, hasta que el azúcar se haya disuelto. Retire el pastel del horno y déjelo enfriar durante 2 minutos, luego inviértalo sobre una rejilla de alambre con la parte inferior hacia arriba. Verter el almíbar con una cuchara y dejar enfriar por completo.

Bizcocho De Naranja Y Almendras

Hace un pastel de 20 cm / 8 pulgadas

225 g / 8 oz / 1 taza de mantequilla o margarina, blanda

225 g / 8 oz / 1 taza de azúcar glas (superfina)

4 huevos, separados

225 g / 8 oz / 2 tazas de harina común (para todo uso)

10 ml / 2 cucharaditas de polvo de hornear

50 g / 2 oz / ½ taza de almendras molidas

5 ml / 1 cucharadita de piel de naranja rallada

Crema de mantequilla o margarina y azúcar hasta que esté suave y esponjosa. Batir las yemas de huevo, luego agregar la harina, el polvo de hornear, las almendras molidas y la ralladura de naranja. Batir las claras de huevo a punto de nieve, luego incorporarlas a la mezcla con una cuchara de metal. Colocar en un molde para pastel de 20 cm/8 cm engrasado y forrado y hornear en un horno precalentado a 180 °C/350 °F/nivel de gas 4 durante 1 hora hasta que al insertar un palillo en el centro, éste salga limpio.

rico bizcocho de almendras

Hace un pastel de 18 cm / 7 pulgadas

100 g / 4 oz / ½ taza de mantequilla o margarina, blanda

150g / 5oz / 2/3 taza de azúcar glas (superfina).

3 huevos, ligeramente batidos

75g / 3oz / 3/4 taza de almendras molidas

50 g / 2 oz / ½ taza de harina común (para todo uso)

Unas gotas de esencia de almendras (extracto)

Crema de mantequilla o margarina y azúcar hasta que esté suave y esponjosa. Agregar poco a poco los huevos y luego agregar la almendra molida, la harina y la esencia de almendra. Vierta en un molde para pasteles (lata) de 18 cm/7" engrasado y forrado y hornee en un horno precalentado a 180 °C/350 °F/nivel de gas 4 durante 45 minutos hasta que esté elástico al tacto.

Tarta sueca de macarrones

Hace un pastel de 23 cm / 9 pulgadas

100g / 4oz / 1 taza de almendras molidas

75g / 3oz / 1/3 taza de azúcar granulada

5 ml / 1 cucharadita de levadura en polvo

2 claras de huevo grandes, batidas

Mezclar las almendras, el azúcar y la levadura. Incorpora las claras de huevo hasta que la mezcla esté espesa y suave. Vierta en un molde de 23 cm/9" engrasado y forrado (sartén) y hornee en un horno precalentado a 160 °C/325 °F/nivel de gas 3 durante 20 a 25 minutos hasta que suba y se dore. Retire con mucho cuidado del el molde como la torta es frágil.

pan de coco

Hace un pan de 450 g/1 lb

100 g / 4 oz / 1 taza de harina leudante

225 g / 8 oz / 1 taza de azúcar glas (superfina)

100 g / 4 oz / 1 taza de coco deshidratado (picado)

1 huevo

120ml / 4 fl oz / ½ taza de leche

una pizca de sal

Mezcle bien todos los ingredientes y vierta en un molde para pan de 450 g / 1 lb engrasado y forrado. Hornee en un horno precalentado a 180 °C/350 °F/marca de gas 4 durante aproximadamente 1 hora hasta que estén doradas y firmes al tacto.

Tarta de coco

Hace un pastel de 23 cm / 9 pulgadas

75g / 3oz / 1/3 taza de mantequilla o margarina

150 ml / ¼ pt / 2/3 taza de leche

2 huevos, ligeramente batidos

225 g / 8 oz / 1 taza de azúcar glas (superfina)

150g / 5oz / 1¼ tazas de harina leudante (levadura)

una pizca de sal

Para el condimento:

100g / 4oz / ½ taza de mantequilla o margarina

75g / 3oz / ¾ taza de coco deshidratado (picado)

60ml / 4 cucharadas de miel clara

45 ml / 3 cucharadas de leche

50 g / 2 oz / ¼ taza de azúcar morena suave

Derretir la mantequilla o margarina en la leche y dejar enfriar un poco. Bate los huevos y el azúcar glas hasta que estén suaves y esponjosos, luego incorpora la mezcla de mantequilla y leche. Agregue la harina y la sal hasta obtener una mezcla bastante fina. Vierta en un molde para pastel (lata) de 23 cm/9" engrasado y forrado y hornee en un horno precalentado a 180 °C/350 °F/nivel de gas 4 durante 40 minutos hasta que esté dorado y elástico al tacto.

Mientras tanto, hierva los ingredientes de la cobertura en una sartén. Ponga el pastel caliente y vierta la mezcla de cobertura. Coloque debajo de un asador caliente (asadores) durante unos minutos hasta que la cobertura comience a dorarse.

pastel dorado de coco

Hace un pastel de 20 cm / 8 pulgadas

100 g / 4 oz / ½ taza de mantequilla o margarina, blanda

200g / 7oz / 1 taza escasa de azúcar glas (superfina).

200 g / 7 oz / 1¾ taza de harina común (para todo uso)

10 ml / 2 cucharaditas de polvo de hornear

una pizca de sal

175ml / 6 fl oz / ¾ taza de leche

3 claras de huevo

Para el relleno y relleno:

150g / 5oz / 1¼ tazas de coco deshidratado (picado)

200g / 7oz / 1 taza escasa de azúcar glas (superfina).

120ml / 4 fl oz / ½ taza de leche

120ml / 4 fl oz / ½ taza de agua

3 yemas de huevo

Crema de mantequilla o margarina y azúcar hasta que esté suave y esponjosa. Mezcle la harina, el polvo de hornear y la sal en la mezcla alternando con la leche y el agua hasta obtener una masa suave. Batir las claras de huevo a punto de nieve, luego incorporarlas a la mezcla. Vierta la mezcla en dos moldes para pasteles de 20 cm/8 pulgadas engrasados y hornee en un horno precalentado a 180 °C/350 °F/nivel de gas 4 durante 25 minutos hasta que esté elástico al tacto. Dejar enfriar.

Combine el coco, el azúcar, la leche y las yemas de huevo en una cacerola pequeña. Cocine a fuego lento durante unos minutos hasta que los huevos estén cocidos, revolviendo constantemente. Dejar enfriar. Combine los pasteles con la mitad de la mezcla de coco, luego vierta el resto encima.

Torta cubierta de coco

Hace un pastel de 9 x 18 cm / 3½ x 7

100 g / 4 oz / ½ taza de mantequilla o margarina, blanda

175 g / 6 oz / ¾ taza de azúcar glas (superfina)

3 huevos

175 g / 6 oz / 1½ taza de harina común (para todo uso)

5 ml / 1 cucharadita de levadura en polvo

175 g / 6 oz / 1 taza de sultanas (pasas doradas)

120ml / 4 fl oz / ½ taza de leche

6 galletas simples (galletas), trituradas

100 g / 4 oz / ½ taza de azúcar morena blanda

100 g / 4 oz / 1 taza de coco deshidratado (picado)

Bate la mantequilla o margarina y el azúcar en polvo hasta que quede suave y esponjoso. Poco a poco batir dos huevos, luego agregar la harina, el polvo de hornear y las pasas alternando con la leche. Vierta la mitad de la mezcla en un molde para pan de 450 g enmantequillado y forrado. Mezcle el huevo restante con las migas de galleta, el azúcar moreno y el coco y espolvoree en la sartén. Vierta la mezcla restante y hornee en un horno precalentado a 180°C / 350°F / marca de gas 4 durante 1 hora. Dejar enfriar en el molde durante 30 minutos, luego colocar sobre una rejilla para que se enfríe por completo.

bizcocho de coco y limon

Hace un pastel de 20 cm / 8 pulgadas

100 g / 4 oz / ½ taza de mantequilla o margarina, blanda

75 g / 3 oz / 1/3 taza de azúcar morena suave

ralladura de 1 limón

1 huevo batido

Unas gotas de esencia de almendras (extracto)

350 g / 12 oz / 3 tazas de harina leudante

60 ml / 4 cucharadas de mermelada de frambuesa (reserva)

Para el condimento:

1 huevo batido

75 g / 3 oz / 1/3 taza de azúcar morena suave

225 g / 8 oz / 2 tazas de coco deshidratado (picado)

Crema de mantequilla o margarina, azúcar y ralladura de limón hasta que la mezcla esté ligera y espumosa. Incorporar poco a poco el huevo y la esencia de almendras y luego agregar la harina. Verter la mezcla en un molde para tarta de 20 cm engrasado y forrado. Vierta la mermelada sobre la mezcla. Batir los ingredientes del aderezo y esparcir sobre la mezcla. Hornee en un horno precalentado a 180°C/350°F/nivel de gas 4 durante 30 minutos hasta que esté elástico al tacto. Dejar enfriar en el molde.

Pastel de coco de año nuevo

Hace un pastel de 18 cm / 7 pulgadas

100 g / 4 oz / ½ taza de mantequilla o margarina, blanda

100 g / 4 oz / ½ taza de azúcar glas (superfina)

2 huevos, ligeramente batidos

75 g / 3 oz / ¾ taza de harina común (para todo uso)

45 ml / 3 cucharadas de coco deshidratado (rallado)

30 ml / 2 cucharadas de ron

Unas gotas de esencia de almendras (extracto)

Unas gotas de esencia de limón (extracto)

Batir la mantequilla y el azúcar juntos hasta que estén suaves y esponjosos. Poco a poco batir los huevos, luego agregar la harina y el coco. Agrega el ron y las esencias. Verter en un molde para pastel de 18 cm/7" engrasado y forrado y nivelar la parte superior. Hornear en horno precalentado a 190°C / 375°F / nivel de gas 5 durante 45 minutos hasta que al insertar un palillo en el centro, éste salga limpio. Dejar reposar. enfriar en el molde.

Pastel de coco y pasas

Hace un pastel de 23 cm / 9 pulgadas

100 g / 4 oz / ½ taza de mantequilla o margarina, blanda

175 g / 6 oz / ¾ taza de azúcar glas (superfina)

2 huevos, ligeramente batidos

175 g / 6 oz / 1½ taza de harina común (para todo uso)

5 ml / 1 cucharadita de levadura en polvo

una pizca de sal

175 g / 6 oz / 1 taza de sultanas (pasas doradas)

120ml / 4 fl oz / ½ taza de leche

Para el relleno:

1 huevo, ligeramente batido

50 g / 2 oz / ½ taza de migas de galletas simples

100 g / 4 oz / ½ taza de azúcar morena blanda

100 g / 4 oz / 1 taza de coco deshidratado (picado)

Bate la mantequilla o margarina y el azúcar en polvo hasta que quede suave y esponjoso. Incorporar poco a poco los huevos. Mezclar la harina, el polvo para hornear, la sal y las sultanas con suficiente leche para obtener una consistencia tersa. Vierta la mitad de la mezcla en un molde para pastel engrasado de 9 pulgadas. Mezcle los ingredientes para el relleno y vierta la mezcla sobre la masa, luego cubra con la mezcla de pastel restante. Hornee en un horno precalentado a 180 ° C / 350 ° F / gas marca 4 durante 1 hora hasta que esté elástico al tacto y comience a encogerse por los lados de la sartén. Dejar enfriar en el molde antes de desmoldar.

bizcocho crujiente de nueces

Hace un pastel de 23 cm / 9 pulgadas

225 g / 8 oz / 1 taza de mantequilla o margarina, blanda

225 g / 8 oz / 1 taza de azúcar glas (superfina)

2 huevos, ligeramente batidos

225 g / 8 oz / 2 tazas de harina común (para todo uso)

2.5ml / ½ cucharadita de bicarbonato de sodio (bicarbonato de sodio)

2,5 ml / ½ cucharadita de cremor tártaro

200 ml / 7 fl oz / 1 taza escasa de leche

Para el condimento:

100 g / 4 oz / 1 taza de nueces mixtas picadas

100 g / 4 oz / ½ taza de azúcar morena blanda

5 ml / 1 cucharadita de canela molida

Bate la mantequilla o margarina y el azúcar en polvo hasta que quede suave y esponjoso. Batir los huevos poco a poco, luego agregar la harina, el bicarbonato de sodio y la crema de tártaro alternando con la leche. Vierta en un molde para pastel (sartén) de 9 pulgadas engrasado y forrado. Mezcle las nueces, el azúcar moreno y la canela y espolvoree sobre el pastel. Hornee en un horno precalentado a 180°C/350°F/nivel de gas 4 durante 40 minutos hasta que estén doradas y las paredes del molde se encojan. Dejar enfriar en el molde durante 10 minutos, luego colocar sobre una rejilla para que se enfríe por completo.

Pastel de nueces mixtas

Hace un pastel de 23 cm / 9 pulgadas

100 g / 4 oz / ½ taza de mantequilla o margarina, blanda

225 g / 8 oz / 1 taza de azúcar glas (superfina)

1 huevo batido

225 g / 8 oz / 2 tazas de harina leudante (levadura)

10 ml / 2 cucharaditas de polvo de hornear

una pizca de sal

250ml / 8 fl oz / 1 taza de leche

5 ml / 1 cucharadita de esencia de vainilla (extracto)

2,5 ml / ½ cucharadita de esencia de limón (extracto)

100 g / 4 oz / 1 taza de nueces mixtas picadas

Crema de mantequilla o margarina y azúcar hasta que esté suave y esponjosa. Añadir poco a poco el huevo. Mezclar la harina, el polvo de hornear y la sal y agregarlos a la mezcla, alternándolos con la leche y las esencias. Dobla las nueces. Vierta en dos moldes para pasteles de 23 cm/9 cm engrasados y forrados y hornee en un horno precalentado a 180 °F/350 °F/nivel de gas 4 durante 40 minutos hasta que al insertar un palillo en el centro, éste salga limpio.

pastel de nuez griega

Hace un pastel de 25 cm / 10 pulgadas

100 g / 4 oz / ½ taza de mantequilla o margarina, blanda

225 g / 8 oz / 1 taza de azúcar glas (superfina)

3 huevos, ligeramente batidos

250 g / 9 oz / 2¼ tazas de harina común (para todo uso)

225 g / 8 oz / 2 tazas de nueces molidas

10 ml / 2 cucharaditas de polvo de hornear

5 ml / 1 cucharadita de canela molida

1,5 ml / ¼ de cucharadita de clavo molido

una pizca de sal

75 ml / 5 cucharadas de leche

                Para el jarabe de miel:
175 g / 6 oz / ¾ taza de azúcar glas (superfina)

75g / 3oz / ¼ taza de miel clara

15 ml / 1 cucharada de jugo de limón

250ml / 8 fl oz / 1 taza de agua hirviendo

Crema de mantequilla o margarina y azúcar hasta que esté suave y esponjosa. Poco a poco agregue los huevos, luego agregue la harina, las nueces, el polvo de hornear, las especias y la sal. Agregue la leche y mezcle hasta que quede suave. Vierta en un molde para pasteles de 25 cm/10" engrasado y enharinado y hornee en un horno precalentado a 180 °C/350 °F/nivel de gas 4 durante 40 minutos hasta que esté elástico al tacto. Deje enfriar en el molde durante 10 minutos, luego transferencia a una rejilla de alambre.

Para hacer el almíbar, mezcle el azúcar, la miel, el jugo de limón y el agua y caliente hasta que se disuelva. Pincha todo el pastel caliente con un tenedor, luego vierte el jarabe de miel.

pastel de helado de nuez

Hace un pastel de 18 cm / 7 pulgadas

100 g / 4 oz / ½ taza de mantequilla o margarina, blanda

100 g / 4 oz / ½ taza de azúcar glas (superfina)

2 huevos, ligeramente batidos

100 g / 4 oz / 1 taza de harina leudante

100 g / 4 oz / 1 taza de nueces picadas

una pizca de sal

 Para el glaseado (glaseado):
450 g / 1 lb / 2 tazas de azúcar en polvo

150 ml / ¼ pt / 2/3 taza de agua

2 claras de huevo

Unas mitades de nuez para decorar

Bate la mantequilla o margarina y el azúcar en polvo hasta que quede suave y esponjoso. Poco a poco agregue los huevos, luego agregue la harina, las nueces y la sal. Vierta la mezcla en dos moldes para pastel (bandejas) de 18 cm/7" engrasados y forrados y hornee en un horno precalentado a 180 °C/350 °F/nivel de gas 4 durante 25 minutos hasta que suba y esté esponjoso. Deje enfriar.

Disuelva el azúcar granulada en el agua a fuego lento, revolviendo constantemente, luego hierva y continúe hirviendo, sin revolver, hasta que una gota de la mezcla forme una bola suave cuando se deja caer en el agua fría. Mientras tanto, bata las claras de huevo en un recipiente limpio hasta que estén firmes. Vierta el almíbar sobre la clara de huevo y bata hasta que la mezcla esté lo suficientemente espesa como para cubrir el dorso de una cuchara. Combine los pasteles con una capa de glaseado, luego extienda el resto sobre la parte superior y los lados del pastel y decore con mitades de nuez.

Tarta de nuez con crema de chocolate

Hace un pastel de 18 cm / 7 pulgadas

3 huevos

75 g / 3 oz / 1/3 taza de azúcar morena suave

50 g / 2 oz / ½ taza de harina de trigo integral (integral)

25 g / 1 oz / ¼ taza de cacao en polvo (chocolate sin azúcar)

Para el glaseado (glaseado):
150g / 5oz / 1¼ tazas de chocolate amargo (semidulce).

225 g / 8 oz / 1 taza de queso crema bajo en grasa

45 ml / 3 cucharadas de azúcar glas (de repostería), tamizada

75 g / 3 oz / ¾ taza de nueces picadas

15 ml / 1 cucharada de brandy (opcional)

Chocolate rallado para decorar

Bate los huevos y el azúcar moreno hasta obtener una mezcla clara y espesa. Añadir la harina y el cacao. Vierta la mezcla en dos moldes (sartenes) de 18 cm/7" engrasados y forrados y hornee en un horno precalentado a 190°C/375°F/nivel de gas 5 durante 15-20 minutos hasta que esté bien levantado y elástico al tacto Retire del los moldes y dejar enfriar.

Derrita el chocolate en un recipiente resistente al calor colocado sobre una cacerola con agua hirviendo. Retire del fuego y agregue el queso crema y el azúcar en polvo, luego agregue las nueces y el brandy, si lo usa. Combine los pasteles junto con la mayor parte del relleno y extienda el resto encima. Decorar con chocolate rallado.

Pastel de nueces con miel y canela

Hace un pastel de 23 cm / 9 pulgadas

225 g / 8 oz / 2 tazas de harina común (para todo uso)

10 ml / 2 cucharaditas de polvo de hornear

5 ml / 1 cucharadita de bicarbonato de sodio (bicarbonato de sodio)

5 ml / 1 cucharadita de canela molida

una pizca de sal

100 g / 4 oz / 1 taza de yogur natural

75 ml / 5 cucharadas de aceite

100g / 4oz / 1/3 taza de miel clara

1 huevo, ligeramente batido

5 ml / 1 cucharadita de esencia de vainilla (extracto)

Para el relleno:

50g / 2oz / ½ taza de nueces picadas

225 g / 8 oz / 1 taza de azúcar morena suave

10 ml / 2 cucharaditas de canela molida

30 ml / 2 cucharadas de aceite

Mezclar los ingredientes secos para la tarta y hacer un hueco en el centro. Bate los demás ingredientes de la torta y mézclalos con los ingredientes secos. Mezclar los ingredientes para el relleno. Vierta la mitad de la masa de pastel en un molde para pastel de 23 cm engrasado y enharinado y espolvoree con la mitad del relleno. Agregue la mezcla de pastel restante, luego el relleno restante. Hornee en un horno precalentado a 180 °C/350 °F/nivel de gas 4 durante 30 minutos hasta que esté bien levantado y dorado y comience a encogerse por los lados de la fuente.

Barritas de almendras y miel

hace 10

15 g / ½ oz de levadura fresca o 20 ml / 4 cucharaditas de levadura seca

45 ml / 3 cucharadas de azúcar glas (superfino)

120ml / 4 fl oz / ½ taza de leche tibia

300 g / 11 oz / 2¾ tazas de harina común (para todo uso)

una pizca de sal

1 huevo, ligeramente batido

50g / 2oz / ¼ taza de mantequilla o margarina, blanda

300 ml / ½ pt / 1¼ tazas de crema doble (pesada)

30 ml / 2 cucharadas de azúcar glas (de repostería), tamizada

45ml / 3 cucharadas de miel clara

300 g / 11 oz / 2¾ tazas de almendras en hojuelas (en rodajas)

Mezclar la levadura, 5 ml / 1 cucharadita de azúcar glas y un poco de leche y dejar en un lugar cálido durante 20 minutos hasta que esté espumoso. Mezclar el resto del azúcar con la harina y la sal y hacer un hueco en el centro. Agregue gradualmente el huevo, la mantequilla o la margarina, la mezcla de levadura y la leche tibia restante y mezcle hasta que quede suave. Amasar sobre una superficie ligeramente enharinada hasta que quede suave y elástica. Colocar en un bol aceitado, cubrir con film transparente aceitado (papel aluminio) y dejar en un lugar cálido durante 45 minutos hasta que doble su tamaño.

Tomar nuevamente la masa, luego estirarla y colocarla en un molde (lata) de 30 x 20 cm engrasado, pinchar todo con un tenedor, tapar y dejar reposar en un lugar tibio por 10 minutos.

Coloque 120 ml / 4 fl oz / ½ taza de nata, azúcar glas y miel en una cacerola pequeña y lleve a ebullición. Retirar del fuego y mezclar con las almendras. Extienda sobre la masa, luego hornee en un horno precalentado a 200°C/400°F/nivel de gas 6 durante 20 minutos hasta que esté dorada y suave al tacto, cubriendo con papel de horno si la parte superior comienza a dorarse demasiado pronto. el final de la cocción. Apagar y dejar enfriar.

Cortar el bizcocho por la mitad horizontalmente. Batir la crema restante hasta que esté firme y extenderla sobre la mitad inferior del pastel. Cubra con la mitad del pastel cubierto con almendras y córtelo en barras.

Barritas desmenuzadas de manzana y grosella negra

hace 12

175 g / 6 oz / 1½ taza de harina común (para todo uso)

5 ml / 1 cucharadita de levadura en polvo

una pizca de sal

175 g / 6 oz / 3/4 taza de mantequilla o margarina

225 g / 8 oz / 1 taza de azúcar morena suave

100 g / 4 oz / 1 taza de copos de avena

450 g / 1 lb de manzanas para hornear (pastel), peladas, sin corazón y rebanadas

30 ml / 2 cucharadas de harina de maíz (fécula de maíz)

10 ml / 2 cucharaditas de canela molida

2,5 ml / ½ cucharadita de nuez moscada rallada

2,5 ml / ½ cucharadita de pimienta de Jamaica molida

225g / 8oz Grosella negra

Mezcle la harina, el polvo de hornear y la sal, luego frote la mantequilla o la margarina. Agregar azúcar y avena. Verter la mitad en la base de un molde cuadrado de 9/25 cm, engrasado y forrado. Mezclar las manzanas, la maicena y las especias y untar. Cubra con la grosella negra. Vierta la mezcla restante y nivele la parte superior. Hornee en un horno precalentado a 180 °C/350 °F/marca de gas 4 durante 30 minutos hasta que esté elástico. Dejar enfriar, luego cortar en barras.

Barritas de albaricoque y avena

Hace 24

75g / 3oz / ½ taza de albaricoques secos

25 g / 1 oz / 3 cucharadas de sultanas (pasas doradas)

250ml / 8 fl oz / 1 taza de agua

5 ml / 1 cucharadita de jugo de limón

150 g / 5 oz / 2/3 taza de azúcar moreno suave

50 g / 2 oz / ½ taza de coco deshidratado (picado)

50 g / 2 oz / ½ taza de harina común (para todo uso)

2.5ml / ½ cucharadita de bicarbonato de sodio (bicarbonato de sodio)

100 g / 4 oz / 1 taza de copos de avena

50g / 2oz / ¼ taza de mantequilla, derretida

Coloque los albaricoques, las pasas, el agua, el jugo de limón y 30 ml/2 cucharadas de azúcar morena en una cacerola pequeña y revuelva a fuego lento hasta que espese. Añadir el coco y dejar enfriar. Mezcle la harina, el bicarbonato de sodio, la avena y el azúcar restante, luego agregue la mantequilla derretida. Presione la mitad de la mezcla de avena en el fondo de un molde cuadrado de 20 cm engrasado, luego extienda la mezcla de albaricoque encima. Cubrir con la mezcla de avena restante y presionar ligeramente. Hornee en un horno precalentado a 180°C/350°F/gas marca 4 durante 30 minutos hasta que estén doradas. Dejar enfriar, luego cortar en barras.

Tarta De Albaricoque

son las 16

100 g / 4 oz / 2/3 taza de albaricoques secos listos para comer

120ml / 4 fl oz / ½ taza de jugo de naranja

100g / 4oz / ½ taza de mantequilla o margarina

75 g / 3 oz / ¾ taza de harina de trigo integral (integral)

75 g / 3 oz / 3/4 taza de copos de avena

75g / 3oz / 1/3 taza de azúcar demerara

Remoje los albaricoques en el jugo de naranja durante al menos 30 minutos hasta que estén suaves, luego escúrralos y pique. Frote la mantequilla o la margarina en la harina hasta que la mezcla parezca pan rallado. Agregue la avena y el azúcar. Presione la mitad de la mezcla en un molde para muffins de 30 x 20 cm / 12 x 8 engrasado y espolvoree con los albaricoques. Extienda la mezcla restante encima y presione suavemente. Hornee en un horno precalentado a 180°C/350°F/gas marca 4 durante 25 minutos hasta que estén doradas. Dejar enfriar en el molde antes de desmoldar y cortar en barras.

Barras de plátano con nueces

hace unos 14 años

50g / 2oz / ¼ taza de mantequilla o margarina, blanda

75 g / 3 oz / 1/3 taza de azúcar glas (superfina) o azúcar moreno blando

2 plátanos grandes, picados

175 g / 6 oz / 1½ taza de harina común (para todo uso)

7,5 ml / 1½ cucharaditas de levadura en polvo

2 huevos batidos

50 g / 2 oz / ½ taza de nueces picadas

Crema de mantequilla o margarina y azúcar. Triture los plátanos y mézclelos en la mezcla. Mezclar la harina y el polvo de hornear. Agrega la harina, los huevos y las nueces a la mezcla de plátano y bate bien. Vierta en un molde para pastel de 18 x 28 cm / 7 x 11 engrasado y forrado, alise la superficie y hornee en un horno precalentado a 160 ° C / 325 ° F / gas marca 3 durante 30–35 minutos hasta que cuaje. toca Déjala enfriar unos minutos en el molde, luego colócala sobre una rejilla para completar el enfriamiento. Cortar en unas 14 barras.

brownies americanos

hace unos 15 años

2 huevos grandes

225 g / 8 oz / 1 taza de azúcar glas (superfina)

50g / 2oz / ¼ taza de mantequilla o margarina, derretida

2,5ml / ½ cucharadita de esencia de vainilla (extracto)

75 g / 3 oz / ¾ taza de harina común (para todo uso)

45 ml / 3 cucharadas de cacao en polvo (chocolate sin azúcar)

2,5 ml / ½ cucharadita de levadura en polvo

una pizca de sal

50 g / 2 oz / ½ taza de nueces picadas

Bate los huevos y el azúcar hasta obtener una mezcla espesa y cremosa. Batir la mantequilla y la esencia de vainilla. Tamizar la harina, el cacao, la levadura y la sal y mezclar con las nueces. Convierta en un molde para pastel cuadrado de 20 cm / 8 pulgadas bien engrasado. Hornee en un horno precalentado a 180 °C/350 °F/marca de gas 4 durante 40-45 minutos hasta que esté elástico al tacto. Déjelo en la sartén durante 10 minutos, luego córtelo en cuadrados y transfiéralo a una rejilla mientras aún esté caliente.

bizcochos de chocolate negro

son unos 16

225g / 8oz / 1 taza de mantequilla o margarina

175 g / 6 oz / 3/4 taza de azúcar en polvo

350 g / 12 oz / 3 tazas de harina leudante

30 ml / 2 cucharadas de cacao en polvo (chocolate sin azúcar)

                Para el glaseado (glaseado):
175 g / 6 oz / 1 taza de azúcar glas (de repostería), tamizada

30 ml / 2 cucharadas de cacao en polvo (chocolate sin azúcar)

Agua hirviendo

Derrita la mantequilla o margarina, luego agregue el azúcar granulada. Añadir la harina y el cacao. Presione en un molde forrado de 18 x 28 cm / 7 x 11 pulgadas. Hornee en un horno precalentado a 180°C/350°F/nivel de gas 4 durante unos 20 minutos hasta que esté elástico al tacto.

Para hacer el glaseado, tamizar el azúcar glas y el cacao en un bol y añadir una gota de agua hirviendo. Revuelva hasta que esté bien mezclado, agregando una gota de agua si es necesario. Coloca hielo en los brownies mientras aún están tibios (pero no muy calientes), luego déjalos enfriar antes de cortarlos en cuadrados.

Brownies de chocolate y nueces

hace 12

50 g / 2 oz / ½ taza de chocolate amargo (semidulce).

75g / 3oz / 1/3 taza de mantequilla o margarina

225 g / 8 oz / 1 taza de azúcar glas (superfina)

75 g / 3 oz / ¾ taza de harina común (para todo uso)

75 g / 3 oz / ¾ taza de nueces picadas

50 g / 2 oz / ½ taza de chispas de chocolate

2 huevos batidos

2,5ml / ½ cucharadita de esencia de vainilla (extracto)

Derrita el chocolate y la mantequilla o la margarina en un recipiente resistente al calor sobre una cacerola con agua hirviendo. Retire del fuego y agregue los demás ingredientes. Colocar en un molde para pastel de 20 cm engrasado y forrado y hornear en horno precalentado a 180°C / 350°F / gas marca 4 durante 30 minutos hasta que al insertar un palillo en el centro, éste salga limpio. . Dejar enfriar en el molde, luego cortar en cuadrados.

Barras de mantequilla

son las 16

100 g / 4 oz / ½ taza de mantequilla o margarina, blanda

100 g / 4 oz / ½ taza de azúcar glas (superfina)

1 huevo, separado

100 g / 4 oz / 1 taza de harina común (para todo uso)

25 g / 1 oz / ¼ taza de nueces mixtas picadas

Crema de mantequilla o margarina y azúcar hasta que esté suave y esponjosa. Mezcle la yema de huevo, luego agregue la harina y las nueces para obtener una mezcla bastante espesa. Si está demasiado rígido, agregue un poco de leche; si está líquido, agregue un poco más de harina. Coloque la masa en un molde para rollo suizo de 30 x 20 cm engrasado (molde para rollo de gelatina). Bate la clara de huevo hasta que se vuelva espumosa y distribúyela sobre la mezcla. Hornee en un horno precalentado a 180°C/350°F/gas marca 4 durante 30 minutos hasta que estén doradas. Dejar enfriar, luego cortar en barras.

bandeja de cerezas y caramelo

hace 12

100g / 4oz / 1 taza de almendras

225 g / 8 oz / 1 taza de cerezas glaseadas (confitadas), partidas por la mitad

225 g / 8 oz / 1 taza de mantequilla o margarina, blanda

225 g / 8 oz / 1 taza de azúcar glas (superfina)

3 huevos batidos

100 g / 4 oz / 1 taza de harina leudante

50 g / 2 oz / ½ taza de almendras molidas

5 ml / 1 cucharadita de levadura en polvo

5 ml / 1 cucharadita de esencia de almendras (extracto)

Espolvorear las almendras y las cerezas sobre la base de un molde de 20 cm engrasado y forrado. Derretir 50 g de mantequilla o margarina con 50 g de azúcar, luego verter sobre las cerezas y las nueces. Bate el resto de la mantequilla o margarina y el azúcar hasta que quede suave y esponjoso, luego bate los huevos y agrega la harina, la almendra molida, el polvo de hornear y la esencia de almendra. Verter la mezcla en el molde y nivelar la parte superior. Hornee en un horno precalentado a 160°C/325°F/gas marca 3 durante 1 hora. Deje enfriar en la sartén durante unos minutos, luego invierta con cuidado sobre una rejilla de alambre, raspando la parte superior del papel de revestimiento según sea necesario. Dejar enfriar completamente antes de cortar.

bandeja con chispas de chocolate

Hace 24

100 g / 4 oz / ½ taza de mantequilla o margarina, blanda

100 g / 4 oz / ½ taza de azúcar morena blanda

50 g / 2 oz / ¼ taza de azúcar glas (superfina)

1 huevo

5 ml / 1 cucharadita de esencia de vainilla (extracto)

100 g / 4 oz / 1 taza de harina común (para todo uso)

2.5ml / ½ cucharadita de bicarbonato de sodio (bicarbonato de sodio)

una pizca de sal

100g / 4oz / 1 taza de chispas de chocolate

Bate la mantequilla o margarina y los azúcares hasta que estén suaves y esponjosos, luego agrega gradualmente el huevo y la esencia de vainilla. Agregue la harina, el bicarbonato de sodio y la sal. Agregue las chispas de chocolate. Vierta en un molde cuadrado de 25 cm / 12 enharinado y engrasado y hornee en un horno precalentado a 190 ° C / 375 ° F / marca de gas 2 durante 15 minutos hasta que se doren. Dejar enfriar, luego cortar en cuadrados.

capa de crumble de canela

hace 12

Para la base:

100 g / 4 oz / ½ taza de mantequilla o margarina, blanda

30ml / 2 cucharadas de miel clara

2 huevos, ligeramente batidos

100 g / 4 oz / 1 taza de harina común (para todo uso)

Para el desmoronamiento:

75g / 3oz / 1/3 taza de mantequilla o margarina

75 g / 3 oz / ¾ taza de harina común (para todo uso)

75 g / 3 oz / 3/4 taza de copos de avena

5 ml / 1 cucharadita de canela molida

50g/2oz/¼ taza azúcar demerara

Crema de mantequilla o margarina y miel hasta que esté suave y esponjosa. Añadir poco a poco los huevos y luego la harina. Verter la mitad de la mezcla en un molde cuadrado de 20 cm engrasado y nivelar la superficie.

Para hacer el crumble, frotar la mantequilla o la margarina en la harina hasta que la mezcla parezca pan rallado. Agregue la avena, la canela y el azúcar. Vierta la mitad del crumble en el molde, luego cubra con la mezcla para pastel restante y luego el resto del crumble. Hornear en horno precalentado a 190°C / 375°F / gas marca 5 por aproximadamente 35 minutos hasta que al insertar un palillo en el centro, éste salga limpio. Dejar enfriar, luego cortar en barras.

palitos de canela pegajosos

son las 16

225 g / 8 oz / 2 tazas de harina común (para todo uso)

10 ml / 2 cucharaditas de polvo de hornear

225 g / 8 oz / 1 taza de azúcar morena suave

15 ml / 1 cucharada de mantequilla derretida

250ml / 8 fl oz / 1 taza de leche

30 ml / 2 cucharadas de azúcar demerara

10 ml / 2 cucharaditas de canela molida

25 g / 1 oz / 2 cucharadas de mantequilla, fría y cortada en cubitos

Mezclar la harina, el polvo de hornear y el azúcar. Agregue la mantequilla derretida y la leche y mezcle bien. Presione la mezcla en dos moldes para pasteles cuadrados de 23 cm/9 pulgadas. Espolvorea la superficie con azúcar demerara y canela, luego presiona trozos de mantequilla en la superficie. Hornee en un horno precalentado a 180°C/350°F/gas marca 4 durante 30 minutos. La mantequilla hará agujeros en la mezcla y se volverá pegajosa mientras se cocina.

barras de coco

son las 16

75g / 3oz / 1/3 taza de mantequilla o margarina

100 g / 4 oz / 1 taza de harina común (para todo uso)

30 ml / 2 cucharadas de azúcar glas (superfino)

2 huevos

100 g / 4 oz / ½ taza de azúcar morena blanda

una pizca de sal

175g / 6oz / 1½ taza de coco deshidratado (picado)

50 g / 2 oz / ½ taza de nueces mixtas picadas

glaseado de naranja

Frote la mantequilla o la margarina en la harina hasta que la mezcla parezca pan rallado. Agregue el azúcar y presione en un molde para hornear cuadrado de 23 cm/9 pulgadas sin engrasar. Hornee en un horno precalentado a 190°C/350°F/gas marca 4 durante 15 minutos hasta que cuaje.

Mezcla los huevos, el azúcar moreno y la sal, luego agrega el coco y las nueces y reparte por la base. Hornear durante 20 minutos hasta que cuaje y esté dorado. Hielo con glaseado de naranja cuando esté frío. Cortar en barras.

Sándwiches de coco y mermelada

son las 16

25 g / 1 oz / 2 cucharadas de mantequilla o margarina

175 g / 6 oz / 1½ taza de harina leudante

225 g / 8 oz / 1 taza de azúcar glas (superfina)

2 yemas de huevo

75 ml / 5 cucharadas de agua

175g / 6oz / 1½ taza de coco deshidratado (picado)

4 claras de huevo

50 g / 2 oz / ½ taza de harina común (para todo uso)

100 g / 4 oz / 1/3 taza de mermelada de fresa (reserva)

Frote la mantequilla o la margarina en la harina con levadura, luego agregue 50 g/2 oz/¼ de taza de azúcar. Batir las yemas de huevo y 45 ml/3 cucharadas de agua e incorporar a la mezcla. Presione en el fondo de un molde para rollos suizos de 30 x 20 cm / 12 x 8 engrasado (molde para rollos de gelatina) y pinche con un tenedor. Hornee en un horno precalentado a 180°C/350°F/gas marca 4 durante 12 minutos. Dejar enfriar.

En una cazuela ponemos el coco, el resto del azúcar y el agua y una clara de huevo y removemos a fuego lento hasta que la mezcla quede grumosa sin dorarse. Dejar enfriar. Añadir la harina común. Batir las claras de huevo restantes hasta que estén rígidas, luego incorporarlas a la mezcla. Extienda la mermelada sobre la base, luego unte con el glaseado de coco. Hornear durante 30 minutos hasta que estén doradas. Dejar enfriar en el molde antes de cortar en barras.

Bandeja para hornear con dátiles y manzanas

hace 12

1 manzana para cocinar (pastel), pelada, sin corazón y picada

225 g / 8 oz / 11/3 tazas de dátiles sin hueso (sin hueso), picados

150 ml / ¼ pt / 2/3 taza de agua

350 g / 12 oz / 3 tazas de copos de avena

175 g / 6 oz / 3/4 taza de mantequilla o margarina, derretida

45 ml / 3 cucharadas de azúcar demerara

5 ml / 1 cucharadita de canela molida

Coloque las manzanas, los dátiles y el agua en una cacerola y cocine a fuego lento durante unos 5 minutos hasta que las manzanas estén blandas. Dejar enfriar. Mezcla avena, mantequilla o margarina, azúcar y canela. Vierta la mitad en un molde para pastel cuadrado de 20 cm engrasado y nivele la superficie. Cubra con la mezcla de manzana y dátiles, luego agregue la mezcla de avena restante y alise la superficie. Presione suavemente. Hornee en un horno precalentado a 190°C/375°F/gas marca 5 durante unos 30 minutos hasta que estén doradas. Dejar enfriar, luego cortar en barras.

rebanadas de fecha

hace 12

225 g / 8 oz / 1 1/3 tazas de dátiles sin hueso (sin hueso), picados

30ml / 2 cucharadas de miel clara

30 ml / 2 cucharadas de jugo de limón

225g / 8oz / 1 taza de mantequilla o margarina

225 g / 8 oz / 2 tazas de harina de trigo integral (integral)

225 g / 8 oz / 2 tazas de copos de avena

75 g / 3 oz / 1/3 taza de azúcar morena suave

Cocine a fuego lento los dátiles, la miel y el jugo de limón durante unos minutos hasta que los dátiles estén suaves. Frote la mantequilla o margarina en la harina y la avena hasta que parezca pan rallado, luego agregue el azúcar. Con una cuchara, vierta la mitad de la mezcla en un molde para pastel cuadrado de 20 cm / 8 engrasado y forrado. Vierta la mezcla de dátiles sobre la parte superior, luego termine con la mezcla de pastel restante. Presione firmemente. Hornee en un horno precalentado a 190°C/375°F/gas marca 5 durante 35 minutos hasta que esté elástico al tacto. Dejar enfriar en el molde, cortando en rodajas mientras aún está caliente.

Barra de reunión de la abuela

son las 16

100 g / 4 oz / ½ taza de mantequilla o margarina, blanda

225 g / 8 oz / 1 taza de azúcar morena suave

2 huevos, ligeramente batidos

175 g / 6 oz / 1½ taza de harina común (para todo uso)

2.5ml / ½ cucharadita de bicarbonato de sodio (bicarbonato de sodio)

5 ml / 1 cucharadita de canela molida

Una pizca de clavo molido

Una pizca de nuez moscada rallada

175 g / 6 oz / 1 taza de dátiles sin hueso (sin hueso), picados

Crema de mantequilla o margarina y azúcar hasta que esté suave y esponjosa. Poco a poco agregue los huevos, batiendo bien después de cada adición. Agregue los demás ingredientes hasta que estén bien mezclados. Vierta en un molde cuadrado de 23 cm / 9 pulgadas engrasado y enharinado y hornee en un horno precalentado a 180 ° C / 350 ° F / marca de gas 4 durante 25 minutos hasta que un palillo insertado en el centro salga limpio. Dejar enfriar, luego cortar en barras.

Barritas de avena y dátiles

son las 16

175 g / 6 oz / 1 taza de dátiles sin hueso (sin hueso), picados

15 ml / 1 cucharada de miel clara

30 ml / 2 cucharadas de agua

225 g / 8 oz / 2 tazas de harina de trigo integral (integral)

100 g / 4 oz / 1 taza de copos de avena

100 g / 4 oz / ½ taza de azúcar morena blanda

150g / 5oz / 2/3 taza de mantequilla o margarina, derretida

Cocine a fuego lento los dátiles, la miel y el agua en una cacerola pequeña hasta que los dátiles estén blandos. Mezcle la harina, la avena y el azúcar, luego agregue la mantequilla o margarina derretida. Presione la mitad de la mezcla en un molde para pastel cuadrado de 18 cm engrasado, espolvoree con la mezcla de dátiles, luego agregue la mezcla de avena restante y presione suavemente. Hornee en un horno precalentado a 180°C/350°F/nivel de gas 4 durante 1 hora hasta que esté firme y dorado. Dejar enfriar en el molde, cortando en barras mientras aún está caliente.

Barritas de dátiles y nueces

hace 12

100 g / 4 oz / ½ taza de mantequilla o margarina, blanda

150g / 5oz / 2/3 taza de azúcar glas (superfina).

1 huevo, ligeramente batido

100 g / 4 oz / 1 taza de harina leudante

225 g / 8 oz / 11/3 tazas de dátiles sin hueso (sin hueso), picados

100 g / 4 oz / 1 taza de nueces picadas

15 ml / 1 cucharada de leche (opcional)

100g / 4oz / 1 taza de chocolate amargo (semidulce).

Crema de mantequilla o margarina y azúcar hasta que esté suave y esponjosa. Combine el huevo, luego la harina, los dátiles y las nueces, y agregue un poco de leche si la mezcla está demasiado espesa. Vierta en un molde engrasado de 30 x 20 cm / 12 x 8 pulgadas (molde para gelatina) y hornee en un horno precalentado a 180 °C / 350 °F / marca de gas 4 durante 30 minutos, hasta que esté elástico al tacto. Dejar enfriar.

Derrita el chocolate en un recipiente resistente al calor colocado sobre una cacerola con agua hirviendo. Distribuir sobre la mezcla y dejar enfriar y solidificar. Cortar en barras con un cuchillo afilado.

barras de higo

son las 16

225 g de higos frescos picados

30ml / 2 cucharadas de miel clara

15 ml / 1 cucharada de jugo de limón

225 g / 8 oz / 2 tazas de harina de trigo integral (integral)

225 g / 8 oz / 2 tazas de copos de avena

225g / 8oz / 1 taza de mantequilla o margarina

75 g / 3 oz / 1/3 taza de azúcar morena suave

Cocine a fuego lento los higos, la miel y el jugo de limón durante 5 minutos. Dejar enfriar un poco. Mezcle la harina y la avena, luego frote la mantequilla o la margarina y agregue el azúcar. Presione la mitad de la mezcla en una fuente para hornear cuadrada de 20 cm/8 pulgadas engrasada (molde), luego vierta sobre la mezcla de higos. Cubra con la mezcla de pastel restante y presione hacia abajo firmemente. Hornee en un horno precalentado a 180°C/350°F/gas marca 4 durante 30 minutos hasta que estén doradas. Dejar enfriar en el molde y cortar en rodajas aún calientes.

panqueques

son las 16

75g / 3oz / 1/3 taza de mantequilla o margarina

50 g / 2 oz / 3 cucharadas de jarabe dorado (maíz claro)

100 g / 4 oz / ½ taza de azúcar morena blanda

175 g / 6 oz / 1½ tazas de copos de avena

Derrita la mantequilla o margarina con el almíbar y el azúcar, luego agregue la avena. Presione en un molde cuadrado de 20 cm/8 pulgadas engrasado y hornee en un horno precalentado a 180 °C/350 °F/nivel de gas 4 durante unos 20 minutos hasta que esté ligeramente dorado. Deje que se enfríe un poco antes de cortar en barras, luego deje que se enfríe completamente en la lata antes de desmoldar.

tortitas de cereza

son las 16

75g / 3oz / 1/3 taza de mantequilla o margarina

50 g / 2 oz / 3 cucharadas de jarabe dorado (maíz claro)

100 g / 4 oz / ½ taza de azúcar morena blanda

175 g / 6 oz / 1½ tazas de copos de avena

100 g / 4 oz / 1 taza de cerezas glaseadas (confitadas), picadas

Derrita la mantequilla o margarina con el almíbar y el azúcar, luego agregue la avena y las cerezas. Presione en un molde para pastel (lata) cuadrado de 20 cm/8 pulgadas engrasado y hornee en un horno precalentado a 180 °C/350 °F/nivel de gas 4 durante unos 20 minutos hasta que esté ligeramente dorado. Deje que se enfríe un poco antes de cortar en barras, luego deje que se enfríe completamente en la lata antes de desmoldar.

panqueque de chocolate

son las 16

75g / 3oz / 1/3 taza de mantequilla o margarina

50 g / 2 oz / 3 cucharadas de jarabe dorado (maíz claro)

100 g / 4 oz / ½ taza de azúcar morena blanda

175 g / 6 oz / 1½ tazas de copos de avena

100g / 4oz / 1 taza de chispas de chocolate

Derrita la mantequilla o margarina con el almíbar y el azúcar, luego agregue la avena y las chispas de chocolate. Presione en un molde para pastel (lata) cuadrado de 20 cm/8 pulgadas engrasado y hornee en un horno precalentado a 180 °C/350 °F/nivel de gas 4 durante unos 20 minutos hasta que esté ligeramente dorado. Deje que se enfríe un poco antes de cortar en barras, luego deje que se enfríe completamente en la lata antes de desmoldar.

tortitas de frutas

son las 16

75g / 3oz / 1/3 taza de mantequilla o margarina

100 g / 4 oz / ½ taza de azúcar morena blanda

50 g / 2 oz / 3 cucharadas de jarabe dorado (maíz claro)

175 g / 6 oz / 1½ tazas de copos de avena

75 g / 3 oz / ½ taza de pasas, pasas u otra fruta seca

Derrita la mantequilla o margarina con el azúcar y el almíbar, luego agregue la avena y las pasas. Presione en un molde para pastel (lata) cuadrado de 20 cm/8 pulgadas engrasado y hornee en un horno precalentado a 180 °C/350 °F/nivel de gas 4 durante unos 20 minutos hasta que esté ligeramente dorado. Deje que se enfríe un poco antes de cortar en barras, luego deje que se enfríe completamente en la lata antes de desmoldar.

Tortitas De Frutas Y Nueces

son las 16

75g / 3oz / 1/3 taza de mantequilla o margarina

100g / 4oz / 1/3 taza de miel clara

50g / 2oz / 1/3 taza de pasas

50 g / 2 oz / ½ taza de nueces picadas

175 g / 6 oz / 1½ tazas de copos de avena

Derretir la mantequilla o margarina con la miel a fuego lento. Agregue las pasas, las nueces y la avena y mezcle bien. Vierta en un molde para pastel (lata) cuadrado de 23 cm/9 pulgadas engrasado y hornee en un horno precalentado a 180 °C/350 °F/nivel de gas 4 durante 25 minutos. Dejar enfriar en el molde, cortando en barras mientras aún está caliente.

Flapjacks de pan de jengibre

son las 16

75g / 3oz / 1/3 taza de mantequilla o margarina

100 g / 4 oz / ½ taza de azúcar morena blanda

50 g / 2 oz / 3 cucharadas de jarabe de un frasco de tallo de jengibre

175 g / 6 oz / 1½ tazas de copos de avena

4 piezas de tallo de jengibre, finamente picado

Derrita la mantequilla o margarina con el azúcar y el almíbar, luego agregue la avena y el jengibre. Presione en un molde para pastel (lata) cuadrado de 20 cm/8 pulgadas engrasado y hornee en un horno precalentado a 180 °C/350 °F/nivel de gas 4 durante unos 20 minutos hasta que esté ligeramente dorado. Deje que se enfríe un poco antes de cortar en barras, luego deje que se enfríe completamente en la lata antes de desmoldar.

tortitas de nuez

son las 16

75g / 3oz / 1/3 taza de mantequilla o margarina

50 g / 2 oz / 3 cucharadas de jarabe dorado (maíz claro)

100 g / 4 oz / ½ taza de azúcar morena blanda

175 g / 6 oz / 1½ tazas de copos de avena

100 g / 4 oz / 1 taza de nueces mixtas picadas

Derrita la mantequilla o margarina con el almíbar y el azúcar, luego agregue la avena y las nueces. Presione en un molde para pastel (lata) cuadrado de 20 cm/8 pulgadas engrasado y hornee en un horno precalentado a 180 °C/350 °F/nivel de gas 4 durante unos 20 minutos hasta que esté ligeramente dorado. Deje que se enfríe un poco antes de cortar en barras, luego deje que se enfríe completamente en la lata antes de desmoldar.

Galletas fuertes con limón

son las 16

100 g / 4 oz / 1 taza de harina común (para todo uso)

100 g / 4 oz / ½ taza de mantequilla o margarina, blanda

75 g de azúcar glas (de repostería), tamizada

2,5 ml / ½ cucharadita de levadura en polvo

una pizca de sal

30 ml / 2 cucharadas de jugo de limón

10 ml / 2 cucharaditas de ralladura de limón

Mezclar la harina, la mantequilla o margarina, el azúcar glas y la levadura química. Presione en un molde para pastel cuadrado de 9 pulgadas/23 cm engrasado y hornee en un horno precalentado a 180 °C/350 °F/nivel de gas 4 durante 20 minutos.

Mezcle los ingredientes restantes y bata hasta que esté suave y esponjoso. Coloque sobre una base caliente, reduzca la temperatura del horno a 160°C / 325°F / marca de gas 3 y regrese al horno por otros 25 minutos hasta que esté elástica al tacto. Dejar enfriar, luego cortar en cuadrados.

Cuadritos Moka De Coco

hace 20

1 huevo

100 g / 4 oz / ½ taza de azúcar glas (superfina)

100 g / 4 oz / 1 taza de harina común (para todo uso)

10 ml / 2 cucharaditas de polvo de hornear

una pizca de sal

75 ml / 5 cucharadas de leche

75 g / 3 oz / 1/3 taza de mantequilla o margarina, derretida

15 ml / 1 cucharada de cacao en polvo (chocolate sin azúcar)

2,5ml / ½ cucharadita de esencia de vainilla (extracto)

Para el condimento:

75 g de azúcar glas (de repostería), tamizada

50g / 2oz / ¼ taza de mantequilla o margarina, derretida

45 ml / 3 cucharadas de café negro fuerte caliente

15 ml / 1 cucharada de cacao en polvo (chocolate sin azúcar)

2,5ml / ½ cucharadita de esencia de vainilla (extracto)

25 g / 1 oz / ¼ taza de coco deshidratado (picado)

Batir los huevos y el azúcar hasta que estén suaves y esponjosos. Agrega la harina, el polvo para hornear y la sal alternándolos con la leche y la mantequilla o margarina derretida. Agrega el cacao y la esencia de vainilla. Vierta la mezcla en una fuente para hornear cuadrada de 20 cm/8 pulgadas engrasada (bandeja para asar) y hornee en un horno precalentado a 200 °C/400 °F/nivel de gas 6 durante 15 minutos hasta que esté bien levantada y elástica al tacto.

Para hacer el topping, mezcla el azúcar glas, la mantequilla o margarina, el café, el cacao y la esencia de vainilla. Extender sobre el hot cake y espolvorear con coco. Dejar enfriar en el molde, luego desmoldar y cortar en cuadrados.

Galletas Hola Dolly

son las 16

100g / 4oz / ½ taza de mantequilla o margarina

100 g / 4 oz / 1 taza de galleta digestiva

(Galleta Graham) migas

100g / 4oz / 1 taza de chispas de chocolate

100 g / 4 oz / 1 taza de coco deshidratado (picado)

100 g / 4 oz / 1 taza de nueces picadas

400 g / 14 oz / 1 lata grande de leche condensada

Derrita la mantequilla o margarina y agregue las migas de galleta. Presione la mezcla en el fondo de un molde para pastel de 28 x 18 cm / 11 x 7 engrasado y forrado con papel de aluminio. Espolvorea con las chispas de chocolate, luego el coco y finalmente las nueces. Vierta sobre la leche condensada y hornee en un horno precalentado a 180°C / 350°F / gas marca 4 por 25 minutos. Cortar en barras mientras aún está caliente, luego dejar enfriar por completo.

Barritas de coco con nueces y chocolate

hace 12

75g / 3oz / ¾ taza de chocolate con leche

75g / 3oz / 3/4 taza de chocolate amargo (semidulce).

75 g / 3 oz / 1/3 taza de mantequilla de maní crujiente

75 g / 3 oz / 3/4 taza de migas de galleta graham

75 g / 3 oz / ¾ taza de nueces picadas

75g / 3oz / ¾ taza de coco deshidratado (picado)

75g / 3oz / ¾ taza de chocolate blanco

Derrita el chocolate con leche en un recipiente resistente al calor colocado sobre una cacerola con agua hirviendo. Divida en la base de un molde para pastel cuadrado de 23 cm/7 pulgadas y deje reposar.

Derrita suavemente el chocolate natural y la mantequilla de maní a fuego lento, luego agregue las migas de galleta, las nueces y el coco. Extienda el chocolate cuajado encima y enfríe hasta que esté sólido.

Derrita el chocolate blanco en un recipiente resistente al calor colocado sobre una cacerola con agua hirviendo. Espolvoree las galletas en un patrón, luego déjelas reposar antes de cortarlas en barras.

cuadrados de nuez

hace 12

75g / 3oz / 3/4 taza de chocolate amargo (semidulce).

50g / 2oz / ¼ taza de mantequilla o margarina

100 g / 4 oz / ½ taza de azúcar glas (superfina)

2 huevos

5 ml / 1 cucharadita de esencia de vainilla (extracto)

75 g / 3 oz / ¾ taza de harina común (para todo uso)

2,5 ml / ½ cucharadita de levadura en polvo

100 g / 4 oz / 1 taza de nueces mixtas picadas

Derrita el chocolate en un recipiente resistente al calor sobre una cacerola con agua hirviendo. Agregue la mantequilla hasta que se derrita, luego agregue el azúcar. Retire del fuego y bata los huevos y la esencia de vainilla. Agregue la harina, el polvo de hornear y las nueces. Vierta la mezcla en un molde cuadrado de 25 cm engrasado y hornee en un horno precalentado a 180 ° C / 350 ° F / gas marca 4 durante 15 minutos hasta que estén doradas. Cortar en cubos mientras aún está caliente.

Rodajas de naranja nuez

son las 16

375 g / 13 oz / 3¼ tazas de harina común (para todo uso)

275 g / 10 oz / 1¼ tazas de azúcar glas (superfina).

5 ml / 1 cucharadita de levadura en polvo

75g / 3oz / 1/3 taza de mantequilla o margarina

2 huevos batidos

175ml / 6 fl oz / ¾ taza de leche

200 g / 7 oz / 1 lata pequeña de mandarinas, escurridas y picadas en trozos grandes

100 g / 4 oz / 1 taza de nueces picadas

Ralladura finamente rallada de 2 naranjas

10 ml / 2 cucharaditas de canela molida

Mezcle 325 g / 12 oz / 3 tazas de harina, 225 g / 8 oz / 1 taza de azúcar y polvo de hornear. Derretir 50 g de mantequilla o margarina y agregar los huevos y la leche. Revuelva suavemente el líquido en los ingredientes secos hasta que quede suave. Agregue las mandarinas, las nueces y la ralladura de naranja. Vierta en un molde engrasado y forrado de 30 x 20 cm / 12 x 8. Frote el resto de la harina, el azúcar, la mantequilla y la canela y espolvoree sobre el pastel. Hornee en un horno precalentado a 180°C/350°F/gas marca 4 durante 40 minutos hasta que estén doradas. Dejar enfriar en la sartén, luego cortar en unas 16 rebanadas.

Galleta

hace 16 cuadrados

100 g / 4 oz / ½ taza de manteca de cerdo (ghee)

100g / 4oz / ½ taza de mantequilla o margarina

75 g / 3 oz / 1/3 taza de azúcar morena suave

100 g / 4 oz / 1/3 taza de jarabe dorado (maíz claro)

100 g / 4 oz / 1/3 taza de melaza de crock negro (melaza)

10 ml / 2 cucharaditas de bicarbonato de sodio (bicarbonato de sodio)

150 ml / ¼ pt / 2/3 taza de leche

225 g / 8 oz / 2 tazas de harina de trigo integral (integral)

225g / 8oz / 2 tazas de avena

10 ml / 2 cucharaditas de jengibre molido

2,5ml / ½ cucharadita de sal

Derrita la manteca de cerdo, la mantequilla o margarina, el azúcar, el almíbar y la melaza en una sartén. Disuelva el bicarbonato de sodio en la leche y mezcle en la sartén con los demás ingredientes. Vierta en un molde para pastel cuadrado de 20 cm/8 pulgadas engrasado y forrado y hornee en un horno precalentado a 160 °C/325 °F/nivel de gas 3 durante 1 hora hasta que cuaje. Puede hundirse en el medio. Deje enfriar, luego guárdelo en un recipiente hermético durante unos días antes de cortarlo en cubitos y servirlo.

Barras de mantequilla de cacahuete

son las 16

100g / 4oz / 1 taza de mantequilla o margarina

175 g / 6 oz / 1¼ tazas de harina común (para todo uso)

175 g / 6 oz / 3/4 taza de azúcar morena blanda

75 g / 3 oz / 1/3 taza de mantequilla de maní

una pizca de sal

1 yema de huevo pequeña, batida

2,5ml / ½ cucharadita de esencia de vainilla (extracto)

100g / 4oz / 1 taza de chocolate amargo (semidulce).

50 g / 2 oz / 2 tazas de cereal de arroz inflado

Frote la mantequilla o la margarina en la harina hasta que la mezcla parezca pan rallado. Agregue el azúcar, 30 ml/2 cucharadas de mantequilla de maní y sal. Agregue la yema de huevo y la esencia de vainilla y mezcle hasta que esté bien mezclado. Presione en un molde para pastel cuadrado de 25 cm/10 pulgadas. Hornee en un horno precalentado a 160 °C/325 °F/nivel de gas 3 durante 30 minutos hasta que suba y esté elástico al tacto.

Derrita el chocolate en un recipiente resistente al calor sobre una cacerola con agua hirviendo. Retire del fuego y agregue la mantequilla de maní restante. Agregue los cereales y mezcle bien hasta cubrir con la mezcla de chocolate. Verter sobre el bizcocho y nivelar la superficie. Dejar enfriar, enfriar y cortar en barras.

rebanadas de pícnic

hace 12

225g / 8oz / 2 tazas de chocolate amargo (semidulce).

50g / 2oz / ¼ taza de mantequilla o margarina, blanda

100 g / 4 oz / ½ taza de azúcar glas

1 huevo, ligeramente batido

100 g / 4 oz / 1 taza de coco deshidratado (picado)

50 g / 2 oz / 1/3 taza de sultanas (pasas doradas)

50 g de cerezas glaseadas (confitadas), picadas

Derrita el chocolate en un recipiente resistente al calor colocado sobre una cacerola con agua hirviendo. Verter en el fondo de un molde para muffins de 30 x 20 cm (12 x 8) engrasado y forrado. Crema de mantequilla o margarina y azúcar hasta que esté suave y esponjosa. Agregue gradualmente el huevo, luego mezcle el coco, las pasas y las cerezas. Extienda el chocolate por encima y hornee en un horno precalentado a 150°C/300°F/nivel de gas 3 durante 30 minutos hasta que se doren. Dejar enfriar, luego cortar en barras.

Barritas de piña y coco

hace 20

1 huevo

100 g / 4 oz / ½ taza de azúcar glas (superfina)

75 g / 3 oz / ¾ taza de harina común (para todo uso)

5 ml / 1 cucharadita de levadura en polvo

una pizca de sal

75 ml / 5 cucharadas de agua

Para el condimento:

200 g / 7 oz / 1 lata pequeña de piña, escurrida y picada

25 g / 1 oz / 2 cucharadas de mantequilla o margarina

50 g / 2 oz / ¼ taza de azúcar glas (superfina)

1 yema de huevo

25 g / 1 oz / ¼ taza de coco deshidratado (picado)

5 ml / 1 cucharadita de esencia de vainilla (extracto)

Batir el huevo y el azúcar hasta que quede suave y pálido. Agrega la harina, el polvo de hornear y la sal alternándolos con el agua. Vierta en un molde para pastel cuadrado engrasado y enharinado y hornee en un horno precalentado a 200 °C/400 °F/nivel de gas 6 durante 20 minutos hasta que esté bien levantado y elástico al tacto. Vierta la piña sobre el pastel caliente. Caliente los ingredientes restantes en una cacerola pequeña a fuego lento, revolviendo constantemente hasta que estén bien mezclados sin que la mezcla hierva. Vierta la piña sobre la piña, luego regrese el pastel al horno por otros 5 minutos hasta que la cobertura esté dorada. Deje enfriar en el molde durante 10 minutos, luego colóquelo sobre una rejilla para que se enfríe por completo antes de cortarlo en barras.

pastel de levadura de ciruela

son las 16

15 g / ½ oz de levadura fresca o 20 ml / 4 cucharaditas de levadura seca

50 g / 2 oz / ¼ taza de azúcar glas (superfina)

150 ml / ¼ pt / 2/3 taza de leche tibia

50g / 2oz / ¼ taza de mantequilla o margarina, derretida

1 huevo

1 yema de huevo

250 g / 9 oz / 2¼ tazas de harina común (para todo uso)

5 ml / 1 cucharadita de ralladura de limón finamente rallada

675 g / 1½ lb ciruelas pasas, en cuartos y sin hueso (sin hueso)

Azúcar glas (pastelería), tamizada, para espolvorear

Canela en polvo

Mezclar la levadura con 5 ml/1 cucharadita de azúcar y un poco de leche tibia y dejar en un lugar cálido durante 20 minutos hasta que esté espumoso. Batir el resto del azúcar y la leche con la mantequilla o margarina derretida, el huevo y la yema. Mezclar la harina y la ralladura de limón en un bol y hacer un hueco en el centro. Agregue gradualmente la mezcla de levadura y la mezcla de huevo para formar una masa suave. Bate hasta que la masa esté muy suave y comiencen a formarse burbujas en la superficie. Presione suavemente en un molde cuadrado de 25 cm enharinado y untado con mantequilla (molde). Coloque las ciruelas pasas juntas encima de la masa. Cubrir con film transparente aceitado (papel aluminio) y dejar en un lugar cálido durante 1 hora hasta que doble su volumen. Coloque en un horno precalentado a 200 °C/400 °F/gas marca 6, luego reduzca inmediatamente la temperatura del horno a 190 °C/375 °F/gas marca 5 y cocine por 45 minutos. Reduzca la temperatura del horno nuevamente a

180°C/350°F/nivel de gas 4 y hornee por otros 15 minutos hasta que se dore. Espolvorea el bizcocho con azúcar glas y canela mientras aún está caliente, déjalo enfriar y córtalo en cuadrados.

Barritas Americanas De Calabaza

hace 20

2 huevos

175 g / 6 oz / ¾ taza de azúcar glas (superfina)

120ml / 4 fl oz / ½ taza de aceite

8 oz/225 g de calabaza, cocida y en cubos

100 g / 4 oz / 1 taza de harina común (para todo uso)

5 ml / 1 cucharadita de levadura en polvo

5 ml / 1 cucharadita de canela molida

2.5ml / ½ cucharadita de bicarbonato de sodio (bicarbonato de sodio)

50 g / 2 oz / 1/3 taza de sultanas (pasas doradas)

Crema de queso glaseado

Bate los huevos hasta que estén suaves y esponjosos, luego agrega el azúcar y el aceite y agrega la calabaza. Batir la harina, el polvo de hornear, la canela y el bicarbonato de sodio hasta que estén bien mezclados. Agrega las sultanas. Vierta la mezcla en un molde para muffins suizo de 30 x 20 cm / 12 x 8 enharinado y engrasado y hornee en un horno precalentado a 180 ° C / 350 ° F / marca de gas 4 durante 30 minutos. insertado en el centro sale limpio. Dejar enfriar, pintar con glaseado de queso crema y cortar en barras.

www.ingramcontent.com/pod-product-compliance
Lightning Source LLC
Chambersburg PA
CBHW071140080526
44587CB00013B/1695